能源与电力分析年度报告系列

2018

国内外企业管理实践典型案例分析报告

国网能源研究院有限公司　编著

中国电力出版社
CHINA ELECTRIC POWER PRESS

内 容 提 要

《国内外企业管理实践典型案例分析报告》是能源与电力分析年度报告系列之一，主要围绕国内外先进企业的管理实践做法及经验教训进行概括介绍和深入分析，以探索现代企业管理创新的发展趋势和规律。

本报告旨在宣传推广领先企业的管理实践，总结分析企业经营发展的经验启示，为中国企业发展提供借鉴。

本报告可供企业管理人员、科研咨询人员和高校教职人员参考使用。

图书在版编目（CIP）数据

国内外企业管理实践典型案例分析报告 . 2018/国网能源研究院有限公司编著 . —北京：中国电力出版社，2018.11

（能源与电力分析年度报告系列）

ISBN 978 - 7 - 5198 - 2618 - 5

Ⅰ. ①国… Ⅱ. ①国… Ⅲ. ①企业管理—案例—世界—2018 Ⅳ. ①F279.12

中国版本图书馆 CIP 数据核字（2018）第 253982 号

出版发行：中国电力出版社

地　　址：北京市东城区北京站西街 19 号（邮政编码 100005）

网　　址：http：//www. cepp. sgcc. com. cn

责任编辑：刘汝青（010-63412382）

责任校对：朱丽芳

装帧设计：赵姗姗

责任印制：吴　迪

印　　刷：北京瑞禾彩色印刷有限公司

版　　次：2018 年 11 月第一版

印　　次：2018 年 11 月北京第一次印刷

开　　本：787 毫米×1092 毫米　16 开本

印　　张：8.75

印　　数：0001—2000 册

字　　数：115 千字

定　　价：88.00 元

能源与电力分析年度报告

编 委 会

主　任　张运洲

委　员　吕　健　蒋莉萍　柴高峰　李伟阳　李连存

　　　　张　全　王耀华　郑厚清　单葆国　马　莉

　　　　郑海峰　代红才　鲁　刚　韩新阳　李琼慧

　　　　张　勇　李成仁

《国内外企业管理实践典型案例分析报告》

编 写 组

组　长　张　勇

主笔人　李浩澜　卢健飞

成　员　程嘉许　常　燕　马云高　赵　简　王悠子

　　　　张华磊　买亚宗　孙李淳　李　欣　孟维烜

　　　　汤广瑞　汪　涵　鲁　强　张　倩

前　言

国网能源研究院长期开展企业管理研究与咨询工作，将案例分析作为企业管理研究的重要方法与工具，已在多个管理领域积累了较丰富的案例素材和咨询经验，为政府部门、国有企业、有关研究机构提供有价值的决策参考和信息。

当前，我国国有企业正在经历新一轮转型创新发展浪潮的考验。一方面，以混合所有制改革和完善现代企业制度为重点的国有企业改革逐步推进，国有企业亟待探索符合企业实际的改革路径；另一方面，以"大云物移智"为代表的新兴技术与企业管理的融合持续深入，为国有企业创新运营模式和转化科技成果提供了有力支撑。同时，新形势下如何从业务转型升级入手，通过培育增长新动能推动实现企业的整体高质量发展也有待深入探索。在改革纵深推进、科技创新层出不穷的时代背景下，深入分析国内外大型企业如何推进改革、持续创新、优化管理、转型升级是本报告编写的重点。在此基础上点评案例、总结经验，为国有企业提供创新发展的思路参考和应用工具是本报告的主要目的。

今年本报告采用"4＋1"的内容编排模式。一方面，结合企业管理的前沿问题，聚焦混合所有制改革、公司治理优化、运营模式创新、科技成果转化4个研究领域，通过总结国内外先进企业在这些领域的管理实践做法，探索企业管理创新的发展趋势和规律，为创新转型发展中的企业提供启示；另一方面，聚焦能源企业在全球能源革命背景下如何深入推进业务转型升级，将能源企业的转型探索作为 1 个专题特别策划，通过梳理能源企业的变革探索实践，为国内能源企业的转型发展提供参考。

　　本报告共分为 5 章。全稿由张勇提出写作提纲，确定案例写作思路。前言及概述部分由卢健飞主笔；各章引言及小结分别由张华磊、李浩澜、马云高、李欣、买亚宗主笔；东航物流案例由孟维烜主笔，海康威视案例由张华磊主笔，海螺集团案例由程嘉许主笔；交通银行案例由李浩澜主笔，国家开发投资集团案例由鲁强主笔，英国石油公司案例由赵简主笔；ABB 案例由马云高主笔，汉莎航空案例由王悠子主笔，GE 公司案例由常燕主笔；中石化案例由李欣主笔，航空工业案例由孙李淳主笔，北方车辆研究所案例由汤广瑞主笔；东京电力案例由买亚宗主笔，意昂集团案例由汪涵主笔，Direct Energy 案例由张倩主笔，壳牌集团案例由卢健飞主笔。全书由张勇、李浩澜、卢健飞统稿。

　　限于作者水平，虽然对书稿进行了反复研究推敲，但难免仍会存在疏漏与不足之处，恳请读者谅解并批评指正！

编著者

2018 年 9 月

目　录

概　　述

本报告是能源与电力分析年度报告系列之一。自 2012 年首次出版以来，国网能源研究院每年根据企业管理的前沿选取五个研究领域，遴选国内外若干先进企业，研究其管理实践，分析其经验教训。历经 6 年的积累沉淀，目前已形成涵盖战略转型、集团管控、国际化经营、风险管理、科技创新管理、人力资源管理、物资管理、流程管理、运营分析、并购重组、商业模式、大数据应用、智库运营、资本运营、业务布局等 15 大领域 70 余家国内外典型企业的案例库。本报告围绕现代企业发展过程中的管理需求，注重在常规分析中加入数据作为佐证，力求观点新颖深刻，可供国家相关政策制定者、企业管理人员决策参考，并为高校教职人员和科研咨询人员开展相关研究提供启发借鉴。

本报告今年首次采用"4＋1"的内容架构模式。聚焦国有企业改革这条主线，围绕建立现代企业制度和加快转型创新两大重点，选取混合所有制改革、公司治理优化、运营模式创新、科技成果转化 4 大管理主题展开研究；聚焦于能源行业，围绕能源企业的转型升级开展专题研究，设置了 1 个特别策划。确立"4＋1"架构主要是基于以下考虑：

首先，混合所有制是深化国企改革的重要突破口。混合所有制改革是国有企业实现高质量发展、做强做优做大的重要途径，2015 年的《关于深化国有企业改革的指导意见》中将混改作为新一轮国企改革的重点内容。党的十九大报告又着重指出，要培育具有全球竞争力的世界一流企业，就要深化国有企业改革，发展混合所有制经济。混合所有制改革不仅仅是多主体股权的混合，更在于经营理念、管理模式、竞争优势的融合互补，混改的有效推进涉及体制机制优化、人才有效激励、资本市场运作等重要问题。近年来，中央企业和地方国有企业在混合所有制改革领域进行了务实丰富且卓有成效的探索，本报告选取混合所有制改革作为一个研究领域，以期为国有企业平稳有效地推动混改、提升国有资本运营效率提供借鉴参考。

第二，规范高效的公司治理是现代企业制度的关键要素。建立现代企业制度是国有企业改革的重要目标，而现代企业制度的核心在于一套科学、规范、高效的公司治理架构与运行机制。《关于深化国有企业改革的指导意见》中指出，健全公司法人治理结构，把加强党的领导和完善公司治理统一起来。习近平总书记在 2016 年国有企业党建会上指出，坚持党的领导、加强党的建设，是国有企业的"根"和"魂"，中国特色现代国有企业制度，特就特在把党的领导融入公司治理各环节。当前，在公司治理实践中需重点关注以下几个方面的问题：党的领导与公司治理有机融合的路径是什么？如何完善集团公司治理，在有效监督制衡的同时实现较高的治理效率？怎样建立一套有效的高管激励约束机制？围绕上述问题，本报告选取了国内外典型企业的公司治理案例，旨在为国有企业进一步完善公司治理提供参考借鉴。

第三，创新运营模式是企业实现持续发展的重要动力。党的十九大报告提出"加快建设创新型国家"，明确"创新是引领发展的第一动力，是建设现代化经济体系的战略支撑"。随着创新驱动发展成为国家战略，中国企业需清醒认识到要素投入下降趋势在相当长时间内是不可逆转的，企业应当积极转变发展方式，坚持走创新发展道路。运营模式创新是企业创新的重要组成部分，也是推动企业做强做优的重要动能。近年来，国内外领先企业积极利用"大云物移智"等新兴技术促进企业运营模式创新，并通过数字化、智能化、生态化发展战略强化运营模式创新，推动了行业发展和产业分工格局的深刻转变。因此，本报告选取运营模式创新作为研究主题，选取典型企业进行实践分析，希望能为转型发展中的中国企业提供参考。

第四，科技成果转化是企业推动科学技术转变为现实生产力的重要环节。改革开放以来，党和国家为促进科技成果转化出台了一系列政策法规，高度重视科技成果转化机制建设。与此同时，国内外先进企业从优化知识产权运营和管理、以市场化手段孵化科技成果、完善科研人员激励机制等方面，对如何推动科技成果转化进行了有益探索，积累了卓有成效的实践经验，对我国企业加强科技成果转化具有重要参考价值。因此，本报告将科技成果转化选为本年度的重点研究领域之一，目的是为国有企业有效开展科技人才激励，更好地实现科技成果转化提供参考。

第五，能源行业是经济发展和社会运行的支柱性产业，能源企业的转型升级具有重要的样板效应。能源是一国经济社会发展的基本保障，直接关系到企业的生产经营和居民的日常生活。随着世界能源格局朝着多极化和多元化发展、能源生产和能源消费朝着清洁化转变，以发展综合能源服务、推动新能源开发利用为重点，传统能源企业在业务转型升级方面进行了一系列创新探索，很大程度上重塑了能源行业的商业模式，并推动了整个能源产业实现转型升级，形成新的经济增长点。党的十九大报告对推进能源生产和消费革命、构建清洁低碳安全高效的能源体系等提出了明确要求，为我国能源企业未来发展指明了方向。因此，本报告将能源企业的转型探索选为本年度的特别策划，以期为我国能源企业加速业务转型升级、推进高质量发展、拥抱能源革命提供参考。

最后，本报告的"4＋1"研究选题统一于"培育具有国际竞争力的世界一流企业"这一远大目标。混合所有制是国有企业深入推进供给侧结构性改革、加快建立市场化经营机制、实现做强做优做大的有效抓手。公司治理是企业顶层设计的"四梁八柱"，中国特色的公司治理为国有企业高质量发展提供根本制度保障。运营模式创新是企业管理创新的重要内容，国有企业深入开展运营模式创新是提高自身经营管理水平和市场竞争力的重要途径。科技成果转化是技术创新的"最后一公里"，国有企业建立健全有效运转的科技成果转化机制是提高创新绩效、推动企业高质量发展的必由之路。能源企业转型升级是推动能源转型和建设世界一流企业的双重需要，我国国有能源企业正处在能源体制改革和国企改革"双期叠加"的重要历史时期，如何以转型促发展、培育增长新动能是我国国有能源企业需要重点探索解决的战略性问题，同时能源企业的转型升级也能为其他行业国有企业的改革创新提供样板示范。在"4＋1"的架构下，本报告树立国际、国内两个视野，努力选取"国际先进"和"本土特色"典型企业的管理案例进行深入研究，希望能为推动国有资本做强做优做大、加快培育具有卓越竞争力的世界一流企业提供一些参考和启示。

1

混合所有制改革

本章案例要点

东航物流：东航物流实施"一个平台、两个服务提供商"发展战略，利用混合所有制改革服务企业转型发展。东航物流通过引入同行业战略投资者、合理设计股权架构，实现资源整合和协同发展；通过实施员工持股以保留关键人才，探索市场化薪酬管理体系和创新干部管理机制以培育和提升企业竞争力。

海康威视：海康威视是中央企业控股的上市公司，是全球领先的以视频为核心的物联网解决方案提供商。海康威视主要采用兼并重组、海外资本运作平台、员工持股计划、员工跟投平台等手段深化混改和激励核心员工；通过良好的投资者关系管理来提升市值管理，实现国有资本做强做优做大。

海螺集团：海螺集团是我国最大的建材企业集团之一，在建材领域较早开展混合所有制改革。海螺集团的混改特色是不断创新混改手段，将资本运作与管理机制优化融合起来，持续健全核心人才激励约束机制。主要做法包括高管与骨干员工持股以解决企业发展所需资金、创立员工持股公司、通过定向增发实施回购激励、重组优良资产推动海外上市激励等。

十八届三中全会以来，中央企业和地方国有企业立足企业实际，积极推进混合所有制改革，不断完善公司治理和激励机制，在部分领域取得显著成效，积累了一些混合所有制改革的成功经验。主要表现在以下四个方面：

重点领域和地方国有企业混改加速推进。混合所有制改革成为国资国企改革的重要突破口，2016 年启动重点领域混合所有制改革试点以来，电力、石油、天然气、铁路、民航、电信、军工等"七大领域"企业混改步伐进展较快，相继有三批共 50 家试点落地，诞生了一批央企和地方国有企业混改标杆。

员工持股成为混合所有制改革的重要推进方式。中央企业和地方国有企业按照《关于国有控股混合所有制企业开展员工持股试点的意见》（国资发改革〔2016〕133 号）的要求，采取增资扩股、出资新设方式实施员工持股，在企业与员工之间建立利益共享、风险共担的机制，进一步完善形成市场化的激励约束机制。

完善公司治理是混合所有制改革的重要内容。中央企业和地方国有企业不仅重视引入战略投资者，更重视通过引资转换经营机制。国有企业普遍注重完善公司治理，建立了规范的企业股东大会、董事会、经理层、监事会，持续规范公司治理结构，完善公司治理机制。

以实施市场化选人用人为重点确保经营机制转型是保证国有企业混合所有制改革成功的关键举措。引入职业经理人制度是混合所有制改革的重要举措。国有企业注重完善薪酬激励，畅通现有经营管理者与职业经理人的身份转换通道，转变企业管理者的身份，完善市场化选人用人机制。

本报告选择了东航物流、海康威视、海螺集团等优秀中央企业和地方国有企业案例，总结提炼其通过选好战略投资者、完善公司治理、善用股权激励、优化资本运作等实施混合所有制改革的典型经验，为国有企业有效推进混改提供借鉴。

1.1 东航物流：以培育市场竞争力为核心的混合所有制改革

1.1.1 公司概况

中国东方航空集团有限公司（简称"东航集团"）是我国三大国有骨干航空运输集团之一。经过持续的业务调整和资源整合，东航集团现已成为以航空运输及物流产业为核心，航空地产、航空金融、传媒免税、配餐饮食、贸易流通、实业发展、通用航空和产业投资等九大板块协同发展的大型航空产业集团。

2012 年，东航集团整合东航货运机队、地面运输、仓储等业务，组建东方航空物流有限公司（简称"东航物流"）。中国航空货运行业"十年九亏"，行业竞争加剧，盈利能力持续下降。特别是 2010 年以后，航空货运量急剧增加，但竞争也随之加剧，东航集团亟待对物流板块进行战略转型。作为东航集团主要业务板块，东航物流 2014 年确立"天网＋地网"转型之路，确立实施"一个平台、两个服务提供商"发展战略，推进建设航空物流地面服务综合提供商和高端物流解决方案服务提供商。一方面，通过转型发展，东航物流实现 2014—2017 年连续三年盈利，为实施混改打下良好基础；另一方面，随着转型战略的深入推进，东航物流亟待通过实施混改增强企业经营活力。

2016 年东航物流入选国家首批混改"6＋1"试点名单；2017 年 6 月，东航物流发布混合所有制改革方案，成为完成央企混改试点的"第一样本"。东航物流围绕打造市场竞争力稳步推进混改，2017 年实现总营收 77.51 亿元，总利润 9.23 亿元，分别增长 31.7％和 72.8％。分析总结东航物流的混改实践，可为中国国有企业探索混合所有制改革、推动高质量发展、建设世界一流企业提供有益借鉴。

1.1.2　主要做法

从开始设计混改计划到混改计划落地实施,东航物流一直坚持将混改计划与企业乃至集团转型发展战略紧密结合,将改革目标与企业战略定位相融合,将改革方案与企业业务发展紧密结合,将改革重点举措落到对企业关键问题、关键环节的解决上,从而推动构建了以培育市场竞争力为核心的混改方案。主要做法包括以下四个方面:

(1) 合理设计混改目标,服务企业转型发展。

东航物流着力打造高端物流服务集成商。在东航集团层面,围绕构建"互联网化东航"生态圈,明确集团产业发展布局,推进线上线下智慧服务,大力推进改革转型。东航集团将东航物流混改视为构建全球领先航空物流产业生态圈的重要机遇,通过推动航空客运与航空物流"双轮"驱动产业发展模式,将东航物流建设成为市场竞争的佼佼者,带动增强东航集团产业整合能力、经营能力和可持续发展能力。在东航物流层面,尽管2014年实现了盈利,但是核心竞争力不强,企业面临的发展瓶颈越来越突出,亟待找到转型发展的支撑点。东航物流希望借助这次改革形成新的竞争力,真正在市场中进一步发展。东航物流本次混改的目标是打造符合物流行业产业生态圈的世界一流高端物流服务集成商,即健全的法人治理机构、完善的现代企业制度、市场化的体制机制,从治理与管理上构筑强劲的竞争力。

(2) 科学推进混改,优化发展策略。

合理设计混改步骤。东航物流混改作为东航集团深化改革的关键内容,稳步实施混改"三步走"。第一步是股权转让,东航物流脱离东航体系,专注航空物流产业;第二步是增资扩股,引进战略投资者,开展核心员工持股计划;第三步是改制上市,建立市场化运营机制,为企业上市创造条件。

依托混改优化发展策略。东航物流将混改作为企业转型发展的关键契机。在业务发展上,东航物流基于原有航空货运业务,拓展高利润业务,诸如跨境电商、物流仓储、物流解决方案、高端快递等；在产业链活动上，东航物流基于航空货运网络和地面航空货站优势，与非国有战略投资者深度融合，整合第三方物流、落地配送网络、大数据应用、云物流仓储等航空物流产业链资源，构建行业生态圈。

（3）优化股权结构，提升业务竞争力。

2017 年 6 月 19 日，东航物流增资协议、股东协议和公司章程在上海正式签署。根据协议内容，东航集团、联想控股、普洛斯、德邦、绿地金融、东航物流核心员工分别持有东航物流 45％、25％、10％、5％、5％、10％股份，东航物流实现股权多元化（见图 1-1）。东航物流 9 人董事会中，东航集团 5 人，联想 2 人，普洛斯和核心员工持股平台各 1 人。

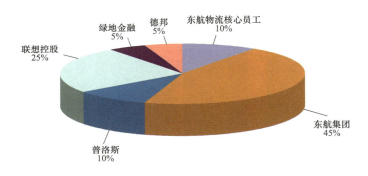

图 1-1　东航物流股权占比

东航物流首次试水国有相对控股。按照东航集团混改的股权安排方案，45％国资相对控股、10％核心员工持股、45％民资和外资股比，东航物流实际投入国有资本 18.45 亿元，引入非国有资本 22.55 亿元。东航集团持股比例由全资降至 45％相对控股。从绝对控股到相对控股，说明东航物流这次混改"动真格"；同时与物流产业国有资本和民营资本紧密相关。民营资本占据物流服务体系的主导地位，国有资本则占据传统航空货运产业的主导地位。通过民资国资共同努力，东航物流将整合航空物流与货运业务，与民营资本在快递产业、地产、第三方物流和电商落地资源进行匹配，在业务整合与资源整合上推动全球航空物流战略转型。

东航物流科学谨慎选择股权投资者，支撑新型物流产业体系。从业务转型发展出发，东航物流引入三家战略投资者——联想控股、普洛斯、德邦，一家财务投资者——绿地金融。当前，全球电商产业迅猛发展，"大数据＋现代仓储＋落地配"新型商业模式在物流产业逐步成为主流，新型物流产业体系下企业的核心竞争力正呈现系统竞争力、产业链竞争力、生态圈竞争力三维演变。东航物流力图抓住新型物流产业体系的发展趋势，优先选择以上股权参与方开展业务合作，打造"以我为主"的业务体系。参股的四家公司分别涉及第三方物流解决方案、物流地产、金融、快递快运业务服务商等多领域，有利于东航物流今后业务的顺利拓展。

特别是，三家战略投资者在各自领域实力较强，可与东航物流资源互补、协调发展。德邦物流规模较大，在网络拓展、地面配送、组织货源具有较强优势，都能与东航物流产生协同效应。普洛斯的全球物流设施组合共 5500 万 m²，在 38 个国内主要市场中拥有并管理 252 个综合物流园、产业园区。普洛斯与东航物流可以以航空货站服务为基础，以监管仓库、增值仓储为配套设施，延伸跨境电商特殊监管区和物流地产，打造具有核心竞争力的跨境电商物流平台。联想集团的现代服务业高度重视物流和服务业。航空作为高端物流，在高端物流解决方案这块，东航物流和联想具有较多契合度，联想控股可向东航物流提供高端物流解决方案。

（4）开展员工持股，提升管理竞争力。

东航物流向核心员工开放了 10％ 的股份，首次在国有航空企业中试水员工持股，并以员工持股为契机，探索建立市场化的薪酬管理体系，激活东航物流的管理竞争力。

较大力度实施员工持股。东航物流在员工持股比例上突破了以往 5％、6％ 的激励上限，首批持股比例规定不超过 8％，高管团队持股不到 5％，核心骨干、技术骨干等持股余下的 3％；此外，还预留 2％ 对未来进入的核心高管或专才进行股权激励。东航物流突破以往自上而下改革的约束，大胆探索发挥市场机制作用，推动有效解决人才流动问题，显著增强人才激励的市场竞争力。建立命运共同体，增强公司上下齐心、共谋发展的凝聚力，从"钱是国家的"，转变为将"管理层的钱袋和企业的口袋连在一起"。持股的核心员工，或以个人资产抵押银行贷款持股，或以自己的真金白银入股，"相当于把身家性命都绑在了企业身上"。

建立市场化的薪酬管理体系。东航物流在股权结构创新之外，还探索实行"一人一薪，易岗易薪"，建立市场化薪酬分配和考核机制。打破行政级别制定薪酬的干部管理体制限制，东航物流在混改中创新人员管理机制，将薪酬分为固定和浮动的两块，并根据部门特点，依照市场标准，确定薪酬标准，释放内部人员的活力。诸如市场部这样强调业绩的部门，浮动部分最高可以定到55%。央企干部"脱马甲"，东航物流员工均需转换国企身份，在与东航解除劳动合同后，再与东航物流签订市场化新合同，以市场人员重新入场。

1.1.3　案例点评

东航物流通过混合所有制改革，有力支撑了东航物流乃至东航集团的转型发展，增强了市场竞争力。立足行业发展设计混改目标、协同推进混改与管理创新、创新干部管理机制，是东航物流混改的成功与特色之处。

（1）合理设计混改方案，稳步推进战略转型。东航物流混改立足服务东航集团的战略发展，以培育行业竞争力为核心，为东航物流及东航集团扭转行业不利局面、开创新经营局面创造了先决条件。2010－2015 年，整个中国民航货运量增长 12%，运价却下降 27%。国内航空公司货运物流板块普遍处于产业关键资源缺失、跨行业竞争加剧的"双重包夹"。东航集团将"引战投"作为东航物流混改关键举措，推动整个集团从"传统航空货物承运人"转向"现代航空物流服务集成商"转变。东航物流的混改引入相关领域的优秀投资者，推动东航构建合作网络，避免出现仅靠货运代理揽货，货源、客户和定价权缺失的被动局面，服务东航集团形成航空客运与航空物流"双轮"驱动的产业发展模式，逐步完善和构建全球领先的航空物流产业生态圈。

（2）统筹推进公司治理创新与管理机制创新。东航物流将理顺治理关系与建立市场化管理机制紧密结合，统筹推进法人治理结构、现代企业制度和市场化体制机制创新，形成了确保混改真正落地实施的体制机制基础。东航物流放弃国有绝对控股地位，建立了有效的制衡机制。根据协议约定，东航集团作为第一大股东，对重大事项决策具有一票否决权，同时保留股权比例合计 1/3 以上非国有股东的否决权，推动有效制衡。重点创新绩效考核，形成市场化管理机制。东航集团对职业经理人和员工全面实行市场化薪酬体系和考核分配机制，不仅有效避免了管理者逆向选择问题，还充分调动核心员工积极性、归属感，推动了"命运共同体"的构建，"把高管身家性命都绑在企业身上"。

（3）探索"三项制度"改革，释放管理竞争力。东航物流基于员工持股的股权激励，转变国企人员身份，实践央企干部"脱马甲"，创造性地解决"能上不能下、能增不能减、能进不能出"的问题，为其他企业进行"三项制度"改革提供了样本。在"脱马甲"设计方案上，东航物流员工通过重新签订市场化合同，以市场人员身份重新入场；在岗位待遇上，基于市场对标确定岗位待遇，统筹设置长期激励和短期奖励，废除原岗位薪水或年资薪水；若有岗位调整，则原岗位相关激励也随之改变，避免了干部管理体制与市场化选人用人之间的匹配障碍。

1.2　海康威视：国有控股上市公司混合所有制改革的典范

1.2.1　公司概况

杭州海康威视数字技术股份有限公司（简称"海康威视"）是中国电子科技集团控股的上市公司，是全球领先的以视频为核心的物联网解决方案提供商，也是国内最大的综合安防上市公司，位列全球视频监控行业第一位、安防行业第一位。海康威视引领视频行业发展趋势，在视音频编解码、视频图像处理等领域掌握关键核心技术，主要布局交通、能源等领域，提供可视化的、全方位的综合解决方案。在 2016－2017 年，A&S《安全自动化》公布的"全球安防 50 强"榜单中，海康威视蝉联全球第 1 位。

海康威视 2001 年成立时，股权结构比较简单，注册资金 500 万元，其中，中国电子科技集团公司第五十二研究所占股 51％，自然人龚虹嘉占股 49％。此后，海康威视持续开展股权减持、转让、配送等操作。截至 2016 年底，海康威视股东结构如图 1-2 所示。

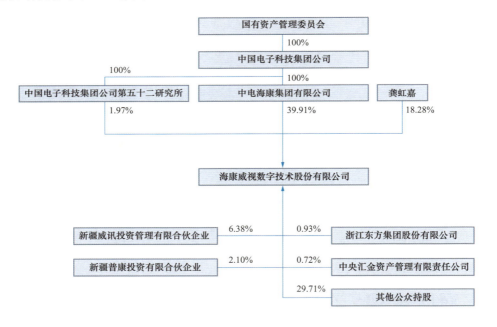

图 1-2 海康威视股权结构示意图

1.2.2 主要做法

海康威视主要采用兼并重组、海外资本运作平台、员工持股计划、员工跟投平台等手段推动混合所有制改革，加强市值管理，为国有控股上市公司提升混改深度、做强做优做大国有资本提供借鉴。

海康威视于 2001 年底成立后，发展速度很快，经营状况良好。为了提高公司对人才的吸引力，2007 年 11 月，海康威视副董事长龚虹嘉决定将所持公司 15％的股权以 75 万元价格转让给以经营层和核心员工为股东的杭州威讯投资管理有限公司，威讯投资的 49 名自然人股东全部为公司正式员工。2008 年 6 月，海康威视变更为股份有限公司，2010 年 5 月 28 日上市。

（1）有效开展资本运作，做强做大市值。

海康威视逐步加大推进资本化运作力度，先后完成多家企业股权的兼并和收购工作，拓展了公司业务范围，公司市场服务能力、产品集成能力大大增强。海康威视善于通过精准收购战略，充分利用外部市场资源，做强产品和技术。海康威视于 2016 年 5 月完成对英国公司 SHL 的收购，打响了公司海外收购的第一枪，拓展了有线及无线安防系统、室内外探测器、室外警钟、智能端 APP 及云服务等业务领域。

海康威视建立海外资本运作平台，提升海外知名度和国际形象。公司发行不超过 35 383.72 万股境外上市外资股（H 股）并在香港联合交易所有限公司主板挂牌上市，发行的对象为中国境外投资者以及合格境内投资者。海康威视将此次募集的资金投入到战略性新兴业务、海外业务拓展、潜在收购、安防产业基地（桐庐）项目之中，并用于偿还银行贷款及补充流动资金。

（2）实施股权激励计划，释放人力资本价值。

海康威视十分重视对核心科研人员、市场一线人员、业务骨干等开展长期激励，截至 2016 年先后实施 3 次限制性股票激励计划，大大激发了核心人员的激励力度，形成了强大的人才吸引力。

2012 年，海康威视面向 620 名核心骨干员工，定向发行 924.70 万股新股，开展首期限制性股票激励计划，规定了公司净资产收益率、营业收入的复合增长率等解锁条件。2014 年，公司开展 5800 万股的二期限制性股票激励计划，该期股票激励计划占公司总股份的比例提高至 1.44％。本期激励计划比首期提高了 5％的业绩实现要求，有效向资本市场传达了对于海康威视未来成长的信心。2016 年，海康威视面向 2936 名员工发行股票 5200 多万股。其中包括 15 名高管、89 名中层管理人员、149 名基层管理人员、2683 名核心骨干人员，此次股权激励人员数量占员工数比例达 19.29％。

（3）探索核心员工业务跟投，激发企业创新能力。

海康威视是开展创新型业务的公司，一般投资周期较长且具有一定投资风险，但长期回报较大。2015 年 9 月 9 日，海康威视制定公司创新业务进行跟投的有关管理办法，公司与员工采用 6∶4 的比例共同投资成立公司，将公司利益与员工利益挂钩，公司与员工成为利益共同体、命运共同体，共同分担投资风险、分享投资收益，进一步激发了员工创新意识，显著提高了创新业务孵化成功率。

海康威视员工跟投平台划分为 A 计划和 B 计划两类。其中 A 计划针对公司及其全资子公司、创新业务公司的中高管理层和核心骨干员工，对各类创新业务实施跟投，投资范围较广；B 计划仅针对创新业务子公司的核心员工，跟投某一领域的特定创新业务，深度激发该领域员工创新意识和创新动力。海康威视对于员工跟投创新平台的差异化探索，有助于激发核心员工创业创新动力，更深层次驱动海康威视创新发展。

（4）持续开展投资者关系管理，保障投资者回报。

上市以来，海康威视平均每年保持高于 30％ 的业绩复合增长率，而且十分重视股东回报，保持较高分红比例，累计分红 67.83 亿元。同时也对国内外机构投资者形成了较大吸引力，公司荣获"2016 年度上市公司金牛投资价值奖"和"2016 年度最佳投资者关系管理奖"。

严格遵守上市公司监管规定，重视信息披露。海康威视高标准履行信息披露义务，不断提高信息披露的质量，有效向资本市场传递公司决策和动态信息。

保持与投资者的高密度沟通。海康威视积极主动维护投资者关系，通过积极参加招商路演、券商策略会、投资者交流会等，与国内外知名券商、各类基金、保险机构等保持紧密联系和常态化互动,建立了良好的沟通机制。

积极引导投资者。适时通过增持、承诺不减持等资本市场化操作,向资本市场和股东传递对公司发展的信心,有效引导广大投资者,有效缓冲了资本市场的不稳定性对公司的影响,对上市公司开展有效的价值管理。

1.2.3 案例点评

深化上市公司混合所有制改革的标志性成就就是做大市值,持续放大国有资本功能。上市公司尤其是行业龙头上市公司的优势在于,对外不仅能够有效利用资本市场通过并购重组,强化对行业技术、人才等资源的整合,打造新生态系统,而且能够进行投资者关系管理,提升上市公司治理的透明度;对内能够通过实施股权激励、员工持股计划等,强化中长期激励机制,向资本市场释放良好的成长预期。

(1)借助海外资本市场精准实施并购重组是做大市值的重要手段。并购重组是上市公司在资本市场开展资本运作的重要方式,成功的重组有助于拉升股票价格。海康威视的并购重组有两个显著特点:一是利用海外上市平台募集资金实施收购,既可以充分利用海外交易所上市门槛低、筹资速度快的优势,又可以凭借海外上市平台具备的更为规范的市场监督机制,迅速被海内外投资者接受;二是实施前瞻式战略收购,海康威视不求大而求精,在兼并重组中不仅重视对收购目标企业关键技术和核心资源的吸收以弥补自身核心技术的不足,也针对性地对特定业务领域的优质企业实施吸收合并,用以拓展相关产品线,延展市场成长空间。海康威视通过实施精准并购重组,获得了较高的流动性溢价,有效地提升了上市公司的市值。

(2)强化对核心骨干员工的长效激励是保持上市公司成长性的有效方式。通过实施股权激励方案能够保持核心队伍的稳定性,增强上市公司对关键人才的吸引力,保持上市公司的市值增长潜力。海康威视为实现核心骨干员工利益与企业利益的深度绑定,持续建立健全激励约束机制,适时启动股权激励,以限制性股票激励为主，延长股权激励计划有效期；此外，探索实施创新业务跟投计划，将股权激励机制长效化，持续扩大核心员工投资回报，强化形成了上市公司持续成长的强大内生动力。

（3）加强投资者关系管理是上市公司保持相关利益者价值最大化、扩大市值规模的重要途径。 投资者关系管理是完善上市企业公司治理的重要内容，海康威视将公司与各类投资者建立相互信任、利益共享的良好关系作为重要目标，不断完善投资者管理制度，尤其侧重通过不断丰富与投资者相互交流的方式，塑造良好的投资者关系文化，强化投资者关系管理职能，不断增强市值管理能力，为持续放大国有资本功能提供了有效保障。

1.3　海螺集团：通过员工持股股权激励改革增强发展动力

1.3.1　公司概况

安徽海螺集团有限责任公司（简称"海螺集团"）是我国最大的建材企业集团之一，组建于 1996 年 9 月，总部设在安徽芜湖市，拥有国家级技术研发中心，是国务院国企改革发展大型试点企业集团。海螺集团实际控股海螺水泥和海螺型材两家上市公司，是水泥行业首家 A＋H 股上市公司；下属企业分布在全国 23 个省（区、市），以及缅甸、老挝、印度尼西亚和俄罗斯等国家和地区，经营范围涉及水泥、建材、节能环保材料、贸易服务和酒店餐饮等领域。海螺集团组织机构图见图 1-3。

海螺集团通过国际贸易，产品远销美国、南美洲、欧洲、非洲、大洋洲、中东、东南亚等 40 多个国家和地区。"十二五"以来，公司积极响应国家"走出去"发展和"一带一路"战略的号召，依托自身优势，加快转变发展方式，大力实施国际化战略，瞄准新兴市场，着手海外布局，进一步拓展企业的发展

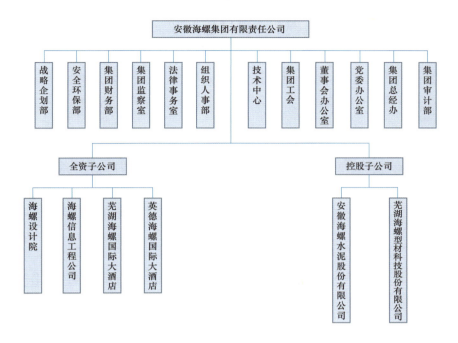

图 1-3　海螺集团组织机构图

空间。目前海螺集团已在印尼、缅甸、老挝、柬埔寨、俄罗斯等国家落实发展项目 15 个、设立公司 14 家，海外员工已达 1800 多人。

1.3.2　主要做法

海螺集团通过现金参股解决企业发展瓶颈，继而创立集体持股公司扩大激励范围，通过定向增发实现员工持股回购激励，不断重组优良资产推动海外上市和业绩增长，实现了混合所有制改革和竞争力的双重提升。

（1）现金参股，解决企业发展瓶颈。

2000—2002 年的三年时间内，由于国家宏观调控政策收紧，各类新项目、新贷款的审批上马变得非常严格，尤其是对水泥行业来讲亦是严格把控。另外，海螺集团的生产工艺当时还处于落后阶段，仍有进一步提升的空间。因此，海螺集团当时面临着内部与外部的多重挑战与困难，经营压力非常大。

为了解决制约发展的负债高、贷款难、技术落后等问题，海螺集团积极响应安徽省委、省政府的号召，经上级批准，全体员工以现金出资方式，进行了员工持股操作。员工与企业双方共同参股建设了获港海螺、枞阳海螺等沿江设置的水泥熟料生产基地，同时还受让了部分安徽省投资集团所持有的铜陵海螺股权。这样就构建起了企业与员工的利益共同体，从实际操作出发解决了制约企业发展的资金和机制问题。

2002 年初，经过内部现金参股的员工股权改革，海螺集团重新出发，将海螺水泥和海螺型材成功在国内上市，促使国内外资本市场进行对接，进一步推动企业提升投融资能力。

（2）创立集体持股公司，扩大激励范围。

2002 年 4 月，安徽省政府着手商讨对海螺集团进行股权多元化改制试点。2002 年 9 月，省长办公会和省委常委会讨论通过了相关改制方案。到了 2002 年底，海螺集团和其他三个工会一道共同出资设立了安徽海螺创业投资有限责任公司（简称"海螺创投"）。其中，海螺集团工会持股 31%，海螺水泥工会持股 21.6%，宁国水泥厂工会持股 26.3%，海螺型材工会及郭文叁等 8 名自然人持股 13.1%，据此形成了多元化持股格局。

与此同时，海螺集团也实施了配套的激励措施。海螺集团经营层将省委省政府要求的经营层奖励工资性期权款项，以职代会无记名投票方式通过了相关决议，将全部款项都奖励给了集团在职的管理干部，并由与会代表按照工作业绩和对企业发展的贡献大小两个维度进行衡量，开展相关分配工作。

随后海螺创投又以社会资本的形式参股安徽投资集团全资控股的海螺集团，并于 2003 年增持至 49%。自此，海螺集团形成了具有自身特色的混合所有制结构，在集团母公司层面实现了股权多元化改革，同时也将企业与员工个人相互捆绑成命运共同体，提高了长期激励效果。

在将员工出资额股权化的具体操作过程中，身份置换补偿金、工资基金结余这两种资金均通过工会形式持有。以身份置换补偿金所持有的海螺创投股份都在职工个人名义下，职工拥有所有权、分配权和投票权，未来只能在企业内部进行交易转让；而通过工资基金结余资金所认购的相关股份，则以职工期权股的形式持股海螺创投股份，不具有所有权，持有者不可以转让。而且，海螺的职工还享有服务满一年，期股可以按一年10％转换为个人股的福利。

海螺集团的这两种股权相互转换的设计是一种典型的激励措施，有助于激励员工长期持股，并投身于企业工作，进一步降低了人才流失率，使企业员工保持了相对的稳定性。而员工持股创立的海螺创投，经过多年的创新发展，已经形成了集装备制造、房地产开发、节能环保、国际贸易和现代物流为一体的大型综合企业集团，充分体现了中长期激励对经营业务的盈利作用和协同作用，使国有企业集团发挥了更大的活力。

（3）定向增发，实现回购激励。

为从整体上提高上市公司运行质量、减少关联交易、规范企业运作，2007年海螺集团根据证监会的文件精神，向其控股公司海螺水泥实施定向增发，以海螺创投作为定向增发的载体，收购员工所持有的股份。

定向增发于2007年4月26日顺利完成后，海螺创投直接持有海螺水泥股份的18.49％。定向增发措施将员工利益与上市企业发展相统一，使广大员工直接享受到了企业改革发展的红利，既充分调动了员工的积极性和主动性，稳定了骨干员工队伍，又增强了企业可持续发展的动力，使得企业具有更强的核心竞争力。

在定向增发之后，2008年海螺集团又将原来作为原始股份来源的员工身份买断金进行了赎回退还，同时还将股份以原来的形式保留，而且规定为该集团及其附属公司服务一年后员工股份可以按每年10％的比例被转换成个股。这样就使员工个人利益得到了进一步的保障，一方面起到了激励作用；另一方面又较好地解决了改革留下的历史问题，机制的长期激励效果得到了进一步发挥。

员工持股所创立的海螺创投，从其创立之初便直接参与到海螺集团的中长期激励改革之中，通过一系列的转变措施使得子公司层面继续深化员工持股的中长期激励改革，将员工利益与企业利益深度融合。海螺集团及其下属企业的法人治理结构也更加合理，深化了多元化股权结构，员工的人均收入在不断提高，企业迸发出更强大的竞争力。

（4）重组优良资产，推动海外上市激励。

为了使海螺创投进一步完善公司治理和管控体系，并科学利用国际资本市场募集发展所需资金，海螺创投在 2013 年进行了资产重组并实现了海外上市目标。2013 年 7 月经海螺创投公司股东会表决通过和海螺集团党政联席会议研究，海螺集团同意对海螺创投拨出部分优质资产进行相关的资产重组。在重组之后，海螺集团成立了中国海螺创业控股有限公司（简称"海螺创业"），并于 2013 年 12 月 19 日在 H 股成功上市，其 IPO 募集了 41.3 亿港币资金。

与此同时，根据安徽省委关于进一步完善海螺集团激励机制的文件精神，海螺集团利用此次海螺创业公开上市发行的机会，重点对年轻干部和有突出贡献的员工给予期股奖励。此次期股奖励共分两批，对一万多人进行了股权激励。通过在不同阶段开展股权激励，一方面海螺创投的股权结构进一步优化，员工持股参与人数持续增加，近一半员工都参与了员工持股计划；另一方面也使年轻技术骨干和重点工作人员享受到企业改革发展的成果，逐步形成了以普通员工为基础、骨干员工为主体、管理者为主导的中长期激励模式。不同岗位员工之间通过差异化的比例持股，则充分调动了管理者和员工的积极性，激发了他们的工作热情，促进集团各板块持续稳定健康发展。

海螺创业的成功上市，探索出一条国有资产证券化之路，有力地推动了混合所有制经济改革与发展，同时也为其他企业通过员工持股海外上市进行长期激励积累了丰富经验。海螺创投通过资产重组组建成立海螺创业，一方面构建了企业发展的融资平台，解决了业务拓展资金问题；另一方面充分利用上市融资机会，重点给予年轻骨干员工期股奖励，又一次激发了员工的积极性。在上市之后，海螺创业成功拥有了世界领先的垃圾分类处理、燃烧余热利用、高端装备制造等技术，业务涉及生活垃圾处理、燃烧余热发电、新型绿色建材、港口贸易等行业，并逐步发展成为一家大型节能环保解决方案供应商。

海螺创业在上市开拓新型业务之外，它还充当着整个海螺集团业务协同带动枢纽的作用。海螺创业在节能环保领域的业务结构，与海螺水泥和海螺建材都有着业务上的紧密联系，而且在经营过程中可以进一步发挥协同融合、互相补充的促进和完善作用，使得资源配置效率进一步优化提升，促进整个海螺系企业的共同发展。海螺创业2017年年报显示，凭借在海外市场完成的余热发电项目，和有效提升海昌港务，公司营业收入同比增加了141.6%。

（5）明晰持股范围和约束机制，将激励效果长期固化。

在海螺集团持续推行员工持股的过程中，持股范围和约束条件是整个过程的入口和出口环节，将这两个环节进行明晰，有利于持股激励发挥更大效应。持股范围设计要恰当体现不同的员工贡献，防止激励福利化，这样才能使员工持股的激励效用发挥到位。而约束机制则会进一步规范员工持股的长期性和合理性，使员工发展能够最大限度地与企业经营相互融合，形成员工与企业一同成长的发展合力，更加有利于中长期激励机制发挥应有的作用与效益。

海螺集团的员工持股对象主要包括高层管理人员、骨干员工以及普通员工等。这种重点针对员工骨干的股权激励，一方面能够提高员工持股计划的效率，对骨干核心人才的激励创造出更大的效益；另一方面，根据员工的贡献指数确定持股比例，并适当提高核心员工的持股比例，可以防止管理层持股过高所造成的不良社会舆论风险，避免激化社会矛盾。

海螺集团在对骨干员工进行激励的同时，还鼓励高管参股。高管的积极参股首先可以保护管理层产权的独立性，有效解决委托代理问题，降低道德风险、贪腐的可能性，同时实现了高管个人利益和企业利益的深度捆绑，这种身份变化也会使高管层在一定程度上更重视对企业经营管理措施的实施。其次，高管的参股可以保持其管理行为的长期性，增加成就感和内生动力，促使企业内在可持续发展动力、能力增强。再次，促进公司治理现代化，促使企业高管和国资国企形成共担、共享的合作伙伴关系，二者共同成长。

约束机制主要是对持股流转、流通的管理制度，主要包括持有股份的解锁条件和股权转让的相关规定。解锁条件是为了让员工长期持有企业股权，设置了一定的时间和绩效限制作为解锁门槛，而后实现员工的长期激励。在海螺集团，主要是通过普通股和股票期权相互转换机制，即设置10％的年转化率对解锁条件进行限制。转让条件则约束了员工的持股意图，防止员工在获得了股权之后过度关注股权行权等投机获利机会，而忽视对企业发展、日常业绩提升等方面的投入。海螺集团对员工所持股份设置的转让约束条件主要包括：未经海螺集团工会同意，持有海螺创投内部职工股的员工，不得将其股份在内部职工之间进行转让；未经海螺集团工会同意，持有海螺创投内部职工股的员工，不得将其股份随意进行赠与、抵押和参与社会融资活动；海螺集团工会作为唯一主体予以受让员工持有的股份，员工如确需转让个人持股，则须一次性转让全部持有的个人股，不得分期转让等。这样设置转让限制条件，可以避免随意转让所导致的员工股管理混乱，同时也可以防止国有企业被恶意收购。

海螺集团通过以上对持股范围的设计和约束机制的制定，不仅可以发挥员工持股最基本的激励作用，将这种激励作用与企业发展深度融合，而且还有利于避免发生各类改革风险，充分发挥混合所有制经济的优势，一方面把市场竞争和企业发展压力逐层传递到每一名干部员工，尤其是骨干职工身上；另一方面也可以激发各级管理者和每一位员工的积极性和创造性。

1.3.3 案例点评

海螺集团的实践案例对国有企业开展员工持股发展有如下几点启示：

（1）设置多元化的股权性质及相互转化机制有利于发挥持股激励的作用与价值。海螺集团进行员工持股改革激励，其持股资金来源于国企改制的经济补偿金和工资基金结余，根据不同性质资金分配不同性质股权，一方面可以极大地激发起员工的积极性；另一方面通过一定比例的转股机制使员工流失率进一步降低，有助于保持企业人才队伍的稳定性。

（2）要根据环境变化明确高管与骨干重点员工等不同程度的参与持股。在员工持股初期，海螺集团推行的是全员参股，从而解决了发展瓶颈，但是在后来持股中，根据环境和条件的变化侧重于高管、核心骨干员工和普通员工的相互结合。因此，只有通过不同职位不同股权的制度设计才能激发企业各级各类员工的积极性。通过增加高管与骨干员工的持股比例，并将其股权与普通员工股权区分开，可以更充分地激发高管与骨干员工的工作热情。尤其是参股公司将高层管理人员的身份转变为企业合伙人，则更能充分发挥出管理者的领袖作用，从而促使企业在战略、治理上提升整体价值。

(3) 实行与企业改革相结合的持续性股权激励。在海螺集团的员工持股过程中，海螺集团利用每一次进行改革的契机，不断深化对不同阶层、不同年限员工所进行的股权激励，使得员工可以直接享受到海螺集团改革决策所带来的所有红利，其中就包括直接参与资本运作或是海螺集团的产权交易等。如此才能进一步提升员工对企业的自信心，相信企业能够做得更好，促使员工能够在更大程度上支持企业。

1.4　本章小结

混合所有制改革是新一轮国资国企改革的重要突破口，引战投、强治理、转机制是混合所有制改革取得实效的重要环节。本章案例在上述方面各有侧重，总结分析如下：

选好战略投资者，合理设计股权架构。东航集团将"引战"作为东航物流混改关键举措，立足产业生态圈理念，从重要合作伙伴中选定战略投资者，推动东航构建合作网络，避免出现仅靠货运代理揽货，货源、客户和定价权缺失的被动局面，形成航空客运与航空物流"双轮"驱动的产业发展模式。通过优选战略投资者，东航物流推动集团从"传统航空货物承运人"转向"现代航空物流服务集成商"。

完善公司治理与形成市场化管理模式并重，稳步推进经营机制转变。东航物流统筹推进法人治理结构、现代企业制度和市场化体制机制创新，形成了确保混改真正落地的体制机制基础。东航集团进一步放开股权，以相对控股形式参与公司治理，建立有效的制衡机制。同时，重点深化三项制度改革，全面实行市场化薪酬体系和考核分配机制，创造性地解决"能上不能下、能增不能减、能进不能出"的问题，充分调动员工工作积极性。

善用股权激励，建立核心员工与企业间利益共同体。企业实施股权激励，建立中长期激励机制，有利于完善激励薪酬结构和激励效果。海螺集团采用员工持股、股票期权等多种方式，持续对核心员工开展激励，使核心员工直接享受到海螺改革的红利。海康威视连续多次实施限制性股票激励计划，持续强化对中高层管理人员、核心骨干员工的激励，通过建立利益共同体，保持关键人才的长期激励效应，有效带动市值提升。

有效借助资本市场，利用兼并重组、定向增发等资本运作手段，做强做大市值。以拓展产业链条、实施行业资源整合为目的开展混改，可以推进并购重组，合理利用资本市场预期效应和放大效应，增强国有资本的流动性，放大国有资本功能。以开展激励确保混改成效为目的企业，可以利用定增、回购等手段，灵活应用多种市值管理工具，加快提升市值规模。

2

公司治理优化

◥ 本章案例要点

　　交通银行：交通银行是我国第一家大型国有股份制商业银行，在将党的领导与现代公司治理相融合方面较早地进行了实践探索。交通银行通过将党的领导与公司治理架构、与董事会决策、与经营管理、与监事会监督有机融合，既实现了现代治理结构的"分权制衡、有效监督"，又能充分发挥党组织"把方向、管大局、保落实"的领导核心作用，获得了公司治理和党的领导的双重优势。

　　国家开发投资集团：国家开发投资集团作为首批国有资本投资公司改革试点单位，一直严格遵循国资委对中央企业规范治理的工作要求，不断深化总部对二级公司的治理结构优化和治理体制机制改革，逐步形成了适用于国有资本投资公司发展的公司治理模式。一是构建与国有资本投资公司特点相适应的公司治理结构，促进公司规范高效运转；二是打造"小总部大产业"的管控格局，增强公司市场竞争力和发展活力；三是优化提升关键管理环节，为改革发展提供坚实保障。

　　英国石油公司：英国石油公司是世界上最大的石油和石化集团公司之一，历经百年发展，建立了较为完善的高管薪酬激励约束机制。其高管薪酬管理的核心策略表现为：充分发挥薪酬委员会职能；注重战略导向、绩效导向和延期支付；灵活运用战略分解技术、股票递延计划等绩效薪酬管理工具；以薪酬披露和追回制度实现制衡。通过高管薪酬制度的不断优化，英国石油公司在解决公司治理"委托代理"困境方面进行了有益探索，实现了高管与股东利益的长期共享。

公司治理是近十几年来企业管理领域的一个重要话题。公司治理研究始于解决企业经营中的委托—代理问题，起初是要研究如何通过对代理人的有效激励与监督约束，减少内部人控制和机会主义行为，维护和促进委托人的利益。狭义的公司治理聚焦于治理结构与治理机制两大核心主题，治理结构是指治理体系的组织架构和权责分配，治理机制侧重于治理结构平稳有序运转所需要的关键机制，例如对高管的激励约束机制。随着实践的深入，公司治理研究的外延也不断拓展，从狭义的公司治理进一步延伸到集团治理（也称母子公司治理）、跨国治理等领域。

建立现代公司治理体系是现代企业制度的重要内容，也是长期以来国企改革持续推进的重要方向。当前，国有企业的公司治理实践呈现出以下三大趋势或特点：

加强党对国有企业的领导。1993 年，党的十四届三中全会通过了《关于建立社会主义市场经济体制若干问题的决定》，提出要建立"产权清晰、权责明确、政企分开、管理科学"的现代企业制度。以此为目标，国企改革持续推进，国内企业也加快了学习西方治理结构和企业制度的进程。2016 年，习近平总书记在全国国有企业党建工作会上指出，坚持党的领导、加强党的建设，是国有企业的"根"和"魂"。中国特色现代国有企业制度，特就特在把党的领导融入公司治理各环节。之所以特别强调党的领导核心作用，这是我国基本经济体制和经济制度以及国有企业的基本定位决定的，目的是确保国有企业坚持正确的政治路线，选择科学的发展道路。

集团治理中有效控制与激发活力并重。大型企业集团的治理不仅涉及"一层三会"之间的制衡与协同，还需要有效地处理好母子公司之间的关系。从后面这层意义上说，集团治理的重要内容是集团管控方式的选择。作为一个大型企业集团，既要确保集团一盘棋，强化集团总部对子公司的控制力，又要根据外部形势变化，不断提升子公司的适应性和发展活力。近年来，以市场化为大方向的国资国企改革以及重点行业体制改革，对大型国有企业集团在快速响应市场、提高服务质量等方面提出了更高的要求。众多大型央企纷纷推进总部机构改革、完善集团管控方式，更加强调集团总部对业务一线的服务、支持与赋能，更加注重激发基层发展活力。

高管激励约束机制的改革创新步伐加快。 高管层是公司治理结构中的重要组成部分，主要负责制定日常经营决策和执行董事会重大战略决策。对高管进行有效的激励约束，是确保高管与股东或出资人利益一致、方向一致的基本途径。近年来，新一轮国企改革提出了市场化选人用人的改革方向，鼓励有条件的国有企业对高管人员探索建立职业经理人制度，实施契约化任用、绩效导向的考核评价、市场化薪酬与灵活的退出通道。在市场化大方向下，"收入能增能减、干部能上能下、人员能进能出"的三项制度改革也在持续深化。此外，国外诸多大型企业已经实施了高管层持股、期权奖励等中长期激励机制。

结合近年来公司治理实践的主要趋势和特点，本报告选取了交通银行、国家开发投资集团和英国石油公司三家企业案例。它们分别从党的领导与公司治理相融合、完善集团治理、高管激励约束等方面开展了富有成效的探索，希望能对国有企业建立和完善中国特色现代国有企业制度提供不同角度的启示。

2.1 交通银行：将党的领导融入公司治理各环节

2.1.1 公司概况

交通银行（简称"交行"）创立于 1908 年，具有悠久的历史。1987 年，交行作为金融改革的试点，重组成为第一家全国性的国有股份制商业银行，总部设在上海。交行 2005 年和 2007 年分别在香港、上海挂牌上市，目前的前三大股东是我国财政部、香港中央结算有限公司（境外法人）以及汇丰银行（境外法人）。交行 2017 年年报显示，三大股东的持股比例分别为 26.53%、

20.14％、18.7％。

交行的业务范围涵盖商业银行、证券、信托、金融租赁、基金管理、保险、离岸金融服务等，在境内外设置分行及办事机构 250 多家，网点 3000 多个。2017 年，交行连续第九年进入《财富》世界 500 强，实现营收 1960 亿元，排名第 171 位，净利润 702 亿元，同比增长 4.48％。

2015 年，《交通银行深化改革方案》获国务院批准，其中，探索大型商业银行公司治理机制是交行深化改革的三项核心内容之一❶。通过充分发挥党的领导核心作用，将党的领导融入公司治理各环节，交通银行把国有企业独特的政治优势转化为发展优势，确保了正确的发展方向和发展道路，推动实现了公司治理的规范性和高效率。

2.1.2　主要做法

交行的公司治理面临着"两个高要求"。一方面，作为一家股权多元化的上市公司，且前三大股东中有两家境外法人，交行的公司治理面临更高的合规要求，必须确保"分权制衡、有效监督"的治理结构有效运转。另一方面，作为第一家国有控股的大型商业银行、金融改革试点的先驱，交行需要坚持党的全面领导，将党的领导融入公司治理各环节，切实发挥党组织"把方向、管大局、保落实"的作用。

在上述背景下，交行通过"四个融合"（见图 2-1），将党的领导优势与现代公司治理的基本要求有机结合起来，基本建立了"党委发挥领导核心作用、董事会战略决策、监事会依法监督、高级管理层授权经营"的公司治理机制。

（1）将党的领导与公司治理架构融合。

修订完善公司章程。交行作为上市公司，建立了较为规范的"三会一层"

---

❶　交行的另外两项改革重点是内部经营机制改革和经营模式转型创新。

31

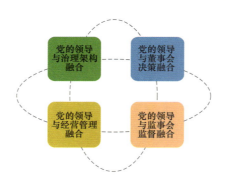

图 2-1　交行的特色国有商业银行公司治理示意图

公司治理架构（见图 2-2）。为了充分发挥党的领导核心作用，交行对内部公司章程进行了修订完善，确立了交行党委在交行法人治理结构中的法定地位。《交通银行公司章程》（2018）中修改的地方主要包括：一是在总则部分增加第八条，明确"设立中国共产党的组织，党委发挥领导核心作用，建立党的工作机构"。二是单独设立第八章"党组织（党委）"，规定了交行党委的设置方式和所承担的职责。交行党委设书记 1 名，由董事长兼任，副书记 2 名，其中 1 名专职党委副书记，协助党委书记抓党建工作，党委成员若干名。党委的主要职责包括贯彻党和国家决策部署，对选人用人工作进行领导和把关，对改革发展和经营管理的重大事项进行决策，全面从严治党，加强基层党组织和党员队

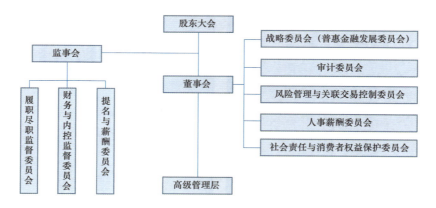

图 2-2　交行公司治理架构

资料来源：交行官方公开材料。

伍建设等。三是在第十一章中的董事会部分，第一百五十四条增加一款，明确规定"董事会决策本行重大问题，应事先听取党委的意见"，即重大事项的党委决策程序前置。

双向进入、交叉任职。唯有嵌入企业的公司治理架构，才能充分发挥党委的领导核心作用。习近平总书记2016年在国企党建工作会上明确要求，要完善双向进入、交叉任职的领导体制。"双向进入、交叉任职"主要是党委（组）书记与董事长由同一人担任，党委成员在董事会、监事会和经营层任职，同时，董事会、监事会和经营层的成员根据有关规定进入党委会。交行是银行业内第一家实现董事长、党委书记"一肩挑"的大型国有银行，同时由党委副书记担任行长。交行也是第一家完成监事会制度改革的国有银行，由国务院外派监事会改为内设监事会，由专职党委副书记兼任监事长。此外，交行的董事会、监事会、高管班子中均有党委成员出任，"三会一层"独立发挥作用的同时，通过党委委员的作用确保交行党委发挥"领导核心、统领全局、保证监督"的作用。

（2）党的领导与董事会决策有机融合。

建立现代董事会运行机制。交行明确了"两型两化"（战略型、绩效型、国际化、专业化）的董事会建设目标，以"定战略、控风险、管资本"作为董事会主要职责，董事会定期评估公司战略，严格管控金融风险，深入研究宏观经济和金融形势，审议批准交行的重大决策事项。董事会下设战略、薪酬、审计、社会责任等专业化委员会，通过深化专业委员会运作机制改革，促进非执行董事和独立董事在专委会任职，支撑董事会做出科学决策。

打造党委与董事会"决策圈"。交行在《公司章程》的指导下进一步制定和完善了《党委会工作规则》，明确了党委在公司治理架构中的具体职责、决策清单和工作程序。交行董事会定位于战略性决策机构，主要职责包括战略制定及调整优化、高级经营者选拔任用及管理、风险防范与应对、业绩考核与价值分配等方面。党委则发挥统领全局的作用，整体谋划、聚焦大事、抓住重点，例如严格贯彻中央防范金融风险、促进实体经济发展的重要政策，切实维护国家控制力、确保国家的控股地位等。党委作为董事会重大决策的前置程序，为董事会决策提供基本参考和重要依据，同时发挥董事长、党员执行董事的作用，确保党委意图充分融入董事会决策。交行党委和董事会不存在谁的权力更大，而是协调一致、相辅相成。交行着力构建党委与董事会之间的多层次、常态化沟通运作机制，确保重大事项的决策背景、决策意图、决策方向达成深入共识，从而保证决策的科学有效。

（3）党的领导与经营管理有机融合。

实施行长负责制，激发经营班子活力。一方面开展高管授权经营，高管层对董事会负责，按照董事会的要求、市场化的原则开展日常经营，行长在业务发展和日常经营管理中承担主要责任。另一方面加强经理人员市场化管理和激励，积极推进市场化选人用人和市场导向的薪酬分配制度改革。交行是国有商业银行中第一家实施职业经理人制度的企业，把73家直属经营单位的主要负责人纳入职业经理人管理范围，建立了业绩与绩效紧密挂钩的评价机制以及灵活的市场化退出机制，推动"能上能下、能增能减、能进能出"。为进一步激发管理者积极性，交行主动探索管理人员的中长期激励机制，在企业内部实施管理层持股，400名管理者增持交行A股1400多万股、H股900多万股股票，推动经营层和出资人利益共享、风险共担。

党的领导与经营管理的有效融合。体制层面，交行党委尊重高管人员在董事会授权下的自主经营决策，不直接干预经理层日常工作。同时，党委与高管层协同决策、联动执行、一起承担责任。根据双向进入、交叉任职的领导体制，交行行长由党委副书记担任、副行长由党委成员担任，通过党员高管执行党委决定和董事会战略性决策，能够确保组织意图、党委主张有效贯彻到企业发展的重大决策中，切实保证党委意见在经营管理过程中得到有效落实。机制层面，党委委员与高管层齐心协力共同谋略企业发展。以金融风险防控为例，在合力治理的总体框架下，交行党委成员与高管层共同为风险管控担责。交行党委的首要任务是贯彻落实中央路线方针和金融政策，维护国家金融安全，推动金融业健康发展从而带动经济社会的发展。高管层制定风险管理的规划计划和规章制度，提出风险偏好、风险管理方面的建议，支撑董事会科学决策，健全风险管控体系。党员高管落实党委的意见主张，参与风险管理活动，切实担负起实现国有资产保值增值的政治责任。

（4）党的领导与监事会监督有机融合。

发挥监事会独立监督职能。 在现代公司治理架构下，监事会是代表出资人利益的内部监督机构，主要监督董事会和经营层是否按照股东的要求履职尽责。交行监事会建立了由"监督清单"、"监督标准"和"监督规程"三项内容组成的规范监督体系，并持续创新监督方法：一是加强有计划的监督问询，提前收集有关信息，减少简单的听取有关机构和人员的汇报。二是聚焦重大关键事项深入开展专项监督，强化咨询建议职能。主动深入研究持续跟进，形成正式的监督整改意见或管理优化建议。三是搭建监督信息平台，实现实时监督、量化监督、提前防控风险。搭建监事会直接监督重大业务经营活动的信息平台，及时掌握经营管理数据，主动发现重大问题和线索。2017年，交行获得"上市公司监事会最佳实践20强"奖项。

强化党的领导，构建大监督工作格局。 交行党委遵循现代公司治理分权制衡、独立运作的基本要求，尊重董事会和经营层的功能定位与作用发挥，不直接干预决策制定，而是重点进行决策的评估检查、过程监督、纠错纠偏。一方面，建立健全党委监督检查制度，通过担任监事长的党委副书记贯彻执行党委意图，对企业重大决策部署、执行过程以及发展成效进行监督、检查和评估，确保企业决策和执行符合党中央的路线、方针、政策；通过加强党内巡视巡查，深入推进党风廉政建设，扎紧"不敢腐、不能腐、不想腐"的制度笼子。另一方面，交行深化监督联席会议运转，建立健全重大风险的信息共享机制，有效凝聚党内监督、董事会监督、监事会专业化监督、职工民主监督和审计监察专项监督等各方监督力量，加强各监督机构之间的协调联动，形成强大监督合力，减少重复监督，避免监督真空。

2.1.3 案例点评

交行的公司治理实践对于加快建立中国特色现代国有企业制度具有以下启示：

（1）党的领导与公司治理的融合是治理结构与治理机制两个维度的融合。 一方面，通过修订公司章程，明确赋予党在公司治理结构中的法定地位，是确保党的作用充分发挥的前提。另一方面，交行的治理实践表明，党的领导作用充分发挥，需要妥善处理好党的领导与董事会决策、与高管层经营管理以及与监事会监督之间的关系。"双向进入、交叉任职"是一项有效的经验，应当长期坚持。而且，为了推动治理机制层面的融合，既需要明确党委在公司治理中的主要职责和工作程序，也需要加强党委与董事会、经营层和监事会的沟通协调。

（2）党的领导与公司治理融合的目标是分权制衡、协调一致。 将党的领导与现代公司治理相融合，目的是同时实现党领导下的政治优势、组织优势以及现代公司治理的专业化优势和制衡优势。党的领导与公司治理的融合，既需要明确和坚持"分权、分工、分职责"的公司治理基本思想，尊重董事会、监事会独立性，提升专业化效率，有效防范风险；也需要发挥党的核心作用、统领作用、组织作用，促进企业上下统一思想认识、统一发展方向、形成治理合力，提高治理的整体效率。分权制衡是促进治理合规，防范风险的手段；协调一致、形成治理合力是促进科学决策、提升治理效率的关键。

（3）中国特色的国有企业公司治理特就特在坚持党的全面领导。 党的领导是中国特色现代国有企业制度的根和魂，也是中国国有企业治理的独特优势。西方企业公司治理的基本价值取向是股东经济利益最大化，而国有企业兼具经济社会两重属性，是党执政的政治和物质基础，国有企业公司治理的目标应该是促进国有资产保值增值，实现综合价值最大化。加强党的领导与市场化发展的要求并不矛盾，而且加强党的领导有助于弥补市场机制的固有缺陷，使国有企业超越对单纯经济效益的追求，强化国企的使命责任，促进企业决策民主统一集中高效，避免出现重大的战略失误，保持战略稳定性，凝聚各方力量共同建设和发展企业。

2.2　国家开发投资集团：探索构建国有资本投资公司治理模式

2.2.1　公司概况

国家开发投资集团有限公司（简称"国投"）成立于 1995 年 5 月 5 日，是中央直属的国有重要骨干企业。在中央企业中，国投是唯一一家投资控股公司，是第一批实施国有资本投资公司改革的试点单位。2017 年，国投完成合并收入 1013 亿元，利润 182 亿元。截至 2017 年末，管理金融资产规模超过万亿元，员工近 4 万人，资产总额达 4941 亿元。2003 年"二次创业"以来，连续 14 年利润总额年均增长超 25％，在国务院国资委业绩考核中连续 13 年获得 A 级，接连四个任期荣获业绩优秀企业。

国投是中国深化投资体制改革进程中成长起来的企业，在国民经济发展中承担着结构调整、投资导向及资本经营的重要独特角色，成立以来通过不断完善发展战略，优化资产结构，逐步建成四大战略业务模块，包括基础性产业、前瞻性战略性产业、金融和服务业、国际业务。历经 20 多年探索实践，国投形成了一套特有的运作模式，即"股权投资、股权管理、股权经营"和"资产与资本的结合经营"，通过实行母子公司治理体制，逐步发展成为拥有 145 家三级以上全资和控股投资企业（其中有 7 家为控股上市公司）以及 17 家全资及控股子公司的具有中国特色的商业化运作的投资控股公司，形成了在资本市场有相当影响力的"国投"品牌。

2.2.2　主要做法

国投的投资控股公司发展之路没有先例可循，从成立伊始便一直在不断改革探索中前行。2014 年，国资委将国投定为国有资本投资公司改革试点。此后，国投在集团层面，继续严格遵循国资委对中央企业规范治理的工作要求，在集团内部，重点着力于深化总部对二级公司的治理结构优化和治理体制机制改革，形成了适用于国有资本投资公司发展的公司治理模式，实现了从"管资产"向"管资本"的转变。

（1）构建与国有资本投资公司特点相适应的公司治理结构，促进公司规范高效运转。

国投一直在积极探索建立现代企业制度，促进法人治理结构不断健全完善。

落实董事会职权，规范子公司董事会建设。2011 年，国投成立董事会，并着手建立外部董事居多、与法人治理结构和投资控股公司特点相符合的董事会运行制度，妥善处理与党组、经理层的关系，持续加强与监事会和出资人等相关方面的沟通，逐步形成各尽其责、运转协调的公司治理机制。在授权改革中，国投将做实子公司董事会和推行股权董事制度作为重要保障，确保子公司董事会成为决策和责任主体，总部委派专职董事，并由总部代为决策改成子公司董事会独立决策，董事对决策终身负责，并为此制定《董事库建设方案》、《子公司董事管理暂行办法》。

推行市场化选聘，健全职业经理人制度。为了解决经理层和董事会的"同纸任命"问题，国投通过推行职业经理人制度，促进职业经理人的职业化、市场化、契约化，激发发展动力，进一步完善公司治理结构。在薪酬激励方面，坚持市场化原则，根据市场对标分位确定职业经理人薪酬分位，确保"业绩升则工资升，业绩降则工资降"。与职业经理人签订落实合同契约，对聘期、双方权责、业绩目标、合同解除终止以及责任追究等内容进行明确，如果年度考核评分低于 80 分且无董事会认可的正当理由，则予以解聘。实行 3 年一任的任期制，职业经理人如果来自集团内部则解除原劳动合同，退休后实行社会化养老，人事档案转由人才中心保管，对不续聘或解聘的职业经理人一并解除劳动合同。

构建协同高效的大监督体系。为了确保授权到哪里，监督就到哪里，国投构建了符合投资控股公司特点的大监督体系，通过纪检监察监督、审计监督、财务监督、法律监督的协同配合，强化对监督工作的协调力度。大监督体系由审计部牵头组织，国投将审计监督权上收总部，并设立审计中心，把发展中的问题集中起来，每年制定大监督计划，原则上子公司不设审计机构。针对审计责任缺失的问题，强化审计部门对董事会负责的工作机制，设立稽查办公室，加强整改和问责力度。推进外派监事会向内设监事会改革，促进应对"事后诸葛亮"的问题，有效发挥监事会过程监督与审计事后监督的协同作用。运用"互联网＋"的理念，开发构建监督工作平台，形成基于数据的监督结果，为大数据应用与审计监督业务的有效融合奠定基础。

（2）打造"小总部大产业"的管控格局，增强公司发展活力和市场竞争力。

按照"重心下沉、激发活力、重组整合、重塑职能"的思路理念，国投明确了"小总部大产业"的改革目标，真正实现产业经营下沉、价值管理上移。

构建"小总部大产业"的组织管理架构。为了解决总部决策审批权限过多、管服并存、服务保障行政化、职能存在交叉、相关职能联系不够紧密等问题，国投总部对职责进行梳理整合，并下放部分职权，持续推进服务共享，不断强化战略决策、资源配置、资本运作、监督考评、党的建设等五大核心职能。对总部职能进行重塑优化之后，构建适应管资本要求的组织架构和决策体系，形成责权清晰、决策科学、监督全面、激励有效、富有活力的管理体制。总部职能部门由 14 个减少到 9 个，处室由 56 个减少为 32 个，人员编制控制在 230 人以内，形成了"小总部大产业"的管理架构。

探索推行分类授权。为了理顺政府与企业的关系，提高决策效率，国投根据不同业务特点，按照"一企一策"原则进行分类授权。根据国资委确立的"基础性产业"、"前瞻性战略性产业"和"金融业"三个领域，结合对子公司的考评打分情况，将子公司分为 A、B、C 三类。对于经营业绩良好的 A 类公司开展充分授权，挑选 1 到 2 家进行专项试点工作，全部下放《公司法》规定的自主经营权、选人用人权、薪酬分配权等 70 余项权力；对于 B 类公司开展部分授权，列出授权清单，实行授权管理，提升内部管理水平；对于 C 类公司进行优化管理，明确发展方向，激发活力。截至目前，除面向集团内部的服务与新设子公司外，其他子公司分类授权改革已全面到位。

开展分类管理和分类考核。为了提高管理效率，激发子公司发展动力，国投简化了审批流程，建立了总部权力清单，明确了总部与子公司之间的权力和责任边界。集团总部通过公司治理机制，履行投资者职责，行使股东权利，全面落实国有资本经营责任，根据各子公司战略定位、行业特点及发展阶段差异，划分为经营业绩、战略培育、协同服务三类，并在考核分配方面实施差异化管理。通过考核分配联动，将绩效考核的目标导向作用和工资总额分配的激励约束作用进行有机结合。

(3) 优化提升关键管理环节，为改革发展提供坚实保障。

国投不断引入科学管理理念和手段，促使关键管理环节优化提升，从而进一步提高公司管理水平和效率。

构建权责清晰的投资决策体系。国投将投资项目决策权限划分为四级，即公司董事会、董事长办公会、董事长和总裁、子公司办公会，并进行相应的权责匹配。董事会是公司最高投资决策机构，主要对公司资本金出资超过 6 亿元等董事长办公会决策权限外的重大投资项目行使决策权，决策方式为表决制。董事长办公会对决策授权额度内的投资项目行使决策权，实行董事长负责制。公司投资项目在提交董事长办公会或董事会决策前，均须由总裁办公会审议。针对决策时限短，或保密要求高，或事项相对简单的投资事项，建立快速决策流程和机制。同时，公司董事会授权子公司办公会可以自主决策部分投资行为。最后，国投明确凡属公司决策事项，公司、全资子公司及公司控股企业派出董事或股东代表，须依据公司决策发表意见，从而进一步理清了派出董事或股东代表的权力边界，理清了公司决策与经营单位法人治理结构的关系。

实施精准有效的全面预算管理。为加强集团的管控与决策职能，满足公司战略协同的需要，国投针对多元化经营结构强化了预算管理与管控模式的衔接，充分考虑子公司的职能定位和管理需要，尽可能地细化预算颗粒度，根据经营活动的不同特点，制定以经营、产品和费率为核算目标的多维差异定额体系，形成的定额标准可随环境变化和预算应用领域扩大而动态调整。构建基于全面预算信息化系统的"长期规划—三年滚动预测—年度目标预测—年度预算—季度滚动预测—预算分析—预算调整—预算考评—目标检测与调整"的全面预算管理体系。借助信息化将预算编制和预测功能归集在同一体系下，利用系统超强的数据运算与分析功能，及时提供信息预测，促使全面预算决策职能得到有效提升。

2.2.3 案例点评

目前，国投正在积极有序推进国有资本投资公司治理模式的改革工作，并在功能定位、创新发展、规范运营等重大问题的探索实践方面取得了阶段性成果，为国有企业完善治理结构、提高治理效率提供了有价值的参考。

（1）明确定位是基础，立足于国有资本投资公司，充分发挥投资导向、结构调整与资本经营的作用。为了有效增强国有资本的控制力、影响力和带动力，国投通过投资导向、结构调整、资本管理等方式，以资本为纽带，对关系国家安全和国民经济命脉的重点产业与领域进行投资。坚持国有经济的发展方向，通过控股、参股、基金等投资方式，结合多种经济成分，发挥杠杆效应，以少量国有资本撬动大量社会资本，引导进入国家需要并鼓励发展的产业和区域，强化国有资本的带动引领作用。通过专业化的资产处置平台，采取市场化的手段，有效实施国家产业政策，按照"有所为有所不为"的原则，实现国有资本的"有进有退",促进区域国有经济合理发展,优化产业结构布局。在国民经济中有效扮演"灵活双手"的角色,在上市公司重组、收购兼并、IPO、基金受托管理方面积累了丰富的经验,不断促进实现国有资本的保值增值,初步形成了"投得准、退得出、能投会卖"的核心竞争力。

(2) 改革创新是核心,紧跟国家战略目标与国企改革方向,扎实推进国有资本投资公司的改革发展。 致力于服务国家发展战略和顺应国企改革方向,国投围绕解决"干什么、怎么干、如何管、监督好"的关键问题,形成了"试方向、试机制、试管理、试监督"的改革创新经验与做法。梳理优化经营结构,推动国有资本集中在"民生"和"命脉"领域,形成四大战略业务模块,即基础性产业、前瞻性战略性产业、金融和服务业、国际业务。实施分类授权,根据不同情况,将各子公司分为完全授权、部分授权、优化管理三大类,实现了资本权利的上移和产业管理责任的下沉,促使子公司成为独立的市场主体,有效地释放了子公司的发展动力和活力。完成总部职能重塑,整合交叉职能,强化核心职能,下放部分职能,促进服务共享,构建"小总部大产业"的管理架构,建立大监管体系,确保授权与监督的紧密结合。从"专科医生检查"向"全科大夫会诊"转变,形成"检查、监督、处置"的工作常态化和闭环管理机制,确保授权界限清晰、监督全面覆盖。

(3) 规范高效是目的,完善国有资本投资公司治理结构与机制,切实提升规范运作与有效管控的能力。 在建立现代企业制度后,国投进一步规范公司治理结构,通过委派董事和监事,督促投资企业建立有效的法人治理结构和运行机制,以确保投资企业决策过程的透明度。制定投资指导原则,设立六道风险"防火墙",构建以"外部专家组成的投资委员会和职能部门独立意见、一把手一票否决、董事会决策"为主要内容的投资决策流程体系,确保投资决策的科学有效性。建立健全民主管理制度,充分发挥党委会、职工代表大会、工会在企业中的重要作用,保障职工的合法权益,切实加强民主管理。不断完善总部、子公司和控股投资企业三级管控架构,明晰各级管理职责,保护总部投资者权益，有效激发子公司和控股投资企业的经营活力。

2.3 英国石油公司：实现高管与股东利益长期共享的高管薪酬制度

2.3.1 公司概况

英国石油公司（British Petroleum，简称"BP"）是世界上最大的石油和石化集团之一，主要业务包括油气勘探开发、炼油、天然气销售和发电、油品零售和运输、石油化工产品生产和销售，近年来 BP 在太阳能发电方面的业务也在不断壮大。BP 业务遍及世界 70 多个国家和地区，在全球拥有 7.4 万名员工。2017 年，BP 实现利润 34 亿美元，已探明油气储量 184 亿桶油气当量，全球范围内加油站 1.83 万个，名列 2017 年世界财富 500 强第 12 位。

2010 年 5 月，BP 发生美国墨西哥湾原油泄漏事件，这起和平时期全球最严重的漏油事件将 BP 推到了舆论的风口浪尖，Bob Dudley 临危受命成为 BP 的新任 CEO，但是受国际油价影响，Bob Dudley 上任后 BP 的经营业绩并不理想，CEO 的薪酬政策逐渐成为股东的诟病对象。2015 年，BP 亏损 52 亿美元，而根据原有的薪酬政策，Bob Dudley 的年度总薪酬仍将上调，该薪酬计划遭到 59％的股东投票反对。为了保护股东利益，实现高管与股东利益长期共享，2017 年 BP 对高管薪酬政策进行了调整。

2.3.2 主要做法

BP 的高管薪酬制定和执行过程由薪酬委员会全权负责，为了使高管行为更符合股东期望，BP 加强了公司战略与高管绩效考核的关联关系，通过股票延期支付的方式绑定高管与股东的长期利益，同时综合运用薪酬披露和追回制度，维护股东合法权益。

（1）董事会全权委托薪酬委员会行使高管薪酬管理职能。

薪酬委员会是董事会设立的专门委员会性质的机构，不参加公司的日常管理工作，其主要职责是为公司高层管理人员制定薪酬计划，并监督薪酬计划的执行。薪酬委员会的使命就是在维护股东利益的前提下，对高管人员的业绩进行公平公正的评价并给付合理薪酬，以吸引、激励并留住那些对于公司成功运营起关键作用的高管。

薪酬委员会构成： BP 的薪酬委员会由 6 名独立非执行董事构成。薪酬委员会主席 Dame Ann Dowling 为剑桥大学副校长，是工程研究和工业新技术实际应用方面的国际知名专家，2015 年被任命为薪酬委员会主席，除了全面负责薪酬委员会的运行之外，还负责每年编制 BP 高管薪酬报告。薪酬委员会的其他 5 名成员也均为行业知名的高管和咨询顾问，分别为福陆公司前董事长、麦肯锡公司前董事长、毕马威前 CEO、Safeco 保险公司前 CEO，他们同时兼任 BP 提名委员会、审计委员会成员等职务。由独立董事组成的薪酬委员会，不仅在一定程度上保证了高管薪酬设计的客观性和合理性，也可以减少内部人控制，有效代表并保护股东利益。

薪酬委员会职责： BP 薪酬委员会的职责可以概括为四个方面，一是制定 BP 高管（即首席执行官 CEO 与首席财务官 CFO）的薪酬方案并提请董事会、股东大会讨论通过，薪酬方案包括薪酬结构、薪酬水平、支付方式及养老、津贴和补充保险等其他福利项目。二是定期对 BP 高管进行绩效考核并核算薪酬，为高管设置与公司战略相匹配的绩效目标，定期考核高管绩效，并根据绩效表现核算公司应支付给高管的实际薪酬。三是履行高管薪酬监督职能，包括在年报中向股东和公众披露高管薪酬情况，执行高管薪酬追回政策等。四是审查 CEO 为集团其他高级经营管理者付薪时的薪酬政策。

（2）组合运用现金和股权激励，注重绩效导向和延期支付。

BP 高管的薪酬分为固定薪酬和可变薪酬两部分。 固定薪酬不受企业及高管个人业绩影响，由基本工资与福利（Salary and benefits）和退休金（Retirement benefits）构成；可变薪酬会根据企业及高管个人业绩进行调整，由年终奖金（Annual bonus）、业绩分享（Performance shares）和持股计划（Share-holding requirements）构成。其中可变薪酬占总薪酬的一半以上，如图 2 - 3 所示。

图 2 - 3　BP 首席执行官与首席财务官历年薪酬构成情况

固定薪酬：基本工资由薪酬委员会决定，薪酬委员会根据高管的岗位职责、企业业绩、高管个人绩效、薪酬市场对标等因素每年对高管的基本工资进行审核，基本工资由高管的本国货币进行计量，并且会依据高管本国社会平均工资增长情况进行调整。2018 年首席执行官 Bob Dudley 的基本工资为 185.4 万美元，首席财务官 Brian Gilvary 的基本工资为 77.5 万英镑。福利包括两个部分，一部分是公司所有员工都享有的福利，包括病假工资、搬迁补助、生育津贴、利润分享计划等；另一部分是高管专属的福利，包括交通补助、提供司机、提供安保、协助申报纳税、医疗及其他保险等。退休金会根据高管本国的法律规定，执行相应的退休金计划。BP 现任首席执行官 Bob Dudley 为美国人，参加 BP 在美国执行的退休金计划和美国法律规定的员工退休储蓄计划。首席财务官 Brian Gilvary 为英国人，参加 BP 在英国执行的养老金固定收益计划。

可变薪酬：年终奖金是由年初制定的绩效目标和年底完成的绩效结果共同决定的，每年薪酬委员会将从财务、操作和安全三个方面对公司年度绩效进行评价，根据评价结果决定年终奖金支付额度。年终奖金的 50% 以现金形式支付，剩余的 50% 以股票形式支付，并强制要求持有股票 3 年，以保证公司业务的长期可持续发展。当绩效表现超过预定目标时，高管最高可以拿到基本工资 2.25 倍的年度奖金（含延期支付的股票）。业绩分享的目的是将高管薪酬与公司业务的长期发展绑定，绩效考察周期为三年，每三年薪酬委员会将从公司股东回报率、平均资本回报率和战略进展三个方面对高管的业绩进行评价。业绩分享以股票形式支付，并强制要求持有股票 3 年，首席执行官最高可以拿到基本工资 5 倍的业绩分享，首席财务官最高可以拿到基本工资的 4.5 倍。持股计划的目的是将高管的利益与股东利益联系在一起，保持公司的持续稳定经营。每个高管在其任期内都将获得不低于其 5 倍基本工资的股权，高管退休后才有资格行使这部分股权。

可变薪酬与公司发展目标的对应关系：可变薪酬的三个部分分别对应公司的短期、中期和长期发展目标，三者构成稳固的环形关系（对应关系见图 2-4），从而促使高管行为与公司股东长期利益保持一致。

图 2-4 BP 高管可变薪酬结构及支付方式

（3）战略目标层层分解，战略执行情况直接决定高管绩效薪酬。

科学合理分解公司战略目标。BP 每年都会根据公司发展计划设定当年的战略目标。以 2017 年为例，BP 通过股东大会明确将"长期持续经营的现金流和股东收益"作为公司的总体战略目标，并分解为三个具体的子目标，分别为：安全稳定的运营、引领未来的投资和专注于高回报。每年年初，薪酬委员会将战略目标进一步分解，形成可量化的业绩影响因素，考核结果将直接影响高管薪酬结构中年度奖金和业绩分享部分。2017 年，高管年终奖金的业绩影响因素为安全性、稳定经营和财务绩效；业绩分享的业绩影响因素为总的股东回报率、平均资本回报率和当年的战略重点（2017 年的战略重点为绝对股东回报额和安全及环境因素）。薪酬与业绩影响因素及公司战略的关系见表 2-1。

表 2-1　　　　　BP 高管薪酬影响因素与公司战略目标的关系

薪酬结构	业绩影响因素及权重	战略目标分解		
		安全稳定运营	引领未来的投资	专注于高回报
年终奖金	安全性（20%）	相关		
	稳定经营（30%）	相关		
	财务绩效（50%）			相关
业绩分享	总的股东回报率（50%）			相关
	平均资本回报率（30%）			相关
	战略重点（20%）		相关	

建立量化的关键绩效指标评价标准。BP 的绩效考核是由绩效计划制定、绩效沟通、绩效考核评价、绩效结果应用和绩效目标提升五步骤组成的闭环管理模式。每年年初，薪酬委员会更新考核标准及权重，并与高管沟通共同商定每个关键绩效指标的评价标准，作为年终考核的依据。年终时，薪酬委员会将根据公司的实际绩效情况，为每个绩效指标赋分，从而计算出高管年终奖金和业绩分享的考核结果。2017 年 BP 高管年终奖金和业绩分享的考核标准及考核结果见表 2-2 和表 2-3。

表 2-2　　　　　BP 高管年终奖金绩效评价标准及评价结果

业绩影响因素	关键绩效指标	评价标准及绩效得分	关键绩效指标评价标准			2017 年绩效完成情况
			最低目标值	目标标准值	最优目标值	
安全性（20%）	重大安全事件（10%）	评价标准	24 件	20 件	14 件	18 件
		绩效得分	0	0.1	0.2	0.13
	可记录的伤害率（10%）	评价标准	0.249/20 万 h	0.228/20 万 h	0.188/20 万 h	0.218/20 万 h
		绩效得分	0	0.1	0.2	0.12
稳定经营（30%）	精炼可用性（15%）	评价标准	94.6%	95.1%	95.6%	95.3%
		绩效得分	0	0.15	0.3	0.2
	上游工作效率（15%）	评价标准	77.3%	79.3%	81.3%	80.5%
		绩效得分	0	0.15	0.3	0.24

续表

业绩影响因素	关键绩效指标	评价标准及绩效得分	关键绩效指标评价标准			2017 年绩效完成情况
			最低目标值	目标标准值	最优目标值	
财务业绩（50%）	营运现金流（20%）	评价标准	199 亿美元	214 亿美元	229 亿美元	241 亿美元
		绩效得分	0	0.2	0.4	0.4
	潜在替代成本利润（20%）	评价标准	50 亿美元	58 亿美元	66 亿美元	62 亿美元
		绩效得分	0	0.2	0.4	0.29
	上游单位生产成本（20%）	评价标准	7.7 美元/桶	7.3 美元/桶	6.9 美元/桶	7.11 美元/桶
		绩效得分	0	0.1	0.2	0.15
合计结果						1.54/2

表 2 - 3　　　　　　　　BP 高管业绩分享绩效评价标准及评价结果

业绩影响因素	关键绩效指标	关键绩效指标评价标准			2017 年绩效完成情况	
		最低目标值	最优目标值	最优目标值得分	绩效结果	绩效得分
财务指标	相对 TSR	排名第三	排名第一	33.3%	排名第一	33.3%
	累积营运现金流量	456 亿美元	616 亿美元	33.3%	619 亿美元	33.3%
战略重点	储量替代率	排名第三	排名第一	11.1%	排名第二	8.9%
	重大项目交付	10 项	14 项	11.1%	17 项	11.1%
	安全和操作风险	与年终奖考核中安全与操作考核相同		11.1%	完成率 85%	9.4%
合计结果				100%		96%

在总体薪酬中充分体现绩效评价的价值。公司业绩直接影响 BP 高管的总体薪酬水平。如图 2-5 所示，固定薪酬部分不受绩效影响，年终奖金和业绩分享均与绩效密切相关，当仅能完成绩效最低目标值时，高管无法获得年终奖和业绩分享；如果能够完成最优目标值，所有高管均可获得其基本工资 2.25 倍的年终奖，此外首席执行官还可以获得其基本工资 5 倍的业绩分享，首席财务官可获得其基本工资 4.5 倍的业绩分享。

以 2017 年为例，根据绩效完成情况，薪酬委员会对年终奖金部分的绩效考核结果为 1.54，对业绩分享部分的考核结果为 96%。但是根据 BP 公司相关规定，薪酬委员会有权根据公司股东意愿及战略实施情况对绩效评价结果进行

图 2-5　BP 首席执行官与首席财务官薪酬与绩效的关系

调整，经调整后，BP 高管年终奖金的最终考核结果为 1.43 分（完成率为 71.5%），业绩分享的考核结果为 70%，故 2017 年 BP 两位高管实际获得的年终奖金为最优目标封顶值的 71.5%，实际获得的业绩分享为封顶值的 70%。

（4）建立高管薪酬约束机制。

实行高管薪酬披露制度。根据英国公司法规定，上市公司必须编制董事薪酬报告，该报告必须对董事薪酬做详尽披露，每位董事的总体薪酬、股权、长期激励计划、退休金计划等必须经过审计。BP 薪酬委员会负责在每年的年报中定期披露公司高管的薪酬信息，包括薪酬政策、绩效评价结果、总体及各分项的薪酬水平和支付方式、高管薪酬历年变动情况等。薪酬披露制度不仅是国家法律规定，也符合公司内部控制的要求。

实行高管薪酬追回制度。BP 规定当公司发生严重的安全或环保问题、高管存在财务造假行为、财务/审计报告出现计算错误等情况时，薪酬委员会有权减少或取消奖金，也有权增设奖金的支付条件；当发生因计算或信息错误导致奖金结果计算有误时，薪酬委员会有权追回已支付给高管的部分或全部奖金。薪酬追回制度增加了对高管的行为约束，有助于抑制高管的不当行为，限制高管不合理薪酬。

2.3.3　案例点评

高管薪酬管理的难点是如何解决所有权和经营权分离的"委托代理"困境，使高管个人利益与股东利益保持一致。BP 作为能源行业的大型知名百年老店，在高管薪酬管理方面的成功经验值得学习借鉴。

（1）注重发挥薪酬委员会在高管薪酬管理中的关键作用。薪酬委员会作为董事会下设的专门委员会，全权负责薪酬政策制定、薪酬方案设计、绩效评价、监督反馈等高管薪酬激励约束全过程管理，与提名委员会、审计委员会共同构成了出资人、董事会对经营者权力的内部制衡和监控机制，确保对高管薪酬决策过程实施有效监控。薪酬委员会成员的选取是薪酬委员会能否发挥职能的关键，BP 的薪酬委员会均由社会和行业名流组成，且均为非执行董事，他们珍惜名誉，而且熟悉公司治理和经营，有能力和威望帮助 BP 防范"内部人控制"，维护出资人及其他相关利益群体的长远利益。

（2）通过有效的战略分解，使高管行为符合股东期望。绩效评价方式简单明确、与战略高度相关是 BP 高管薪酬的基本原则，薪酬委员会的重要职责就是将股东大会确定的公司战略目标分解为对高管的年度绩效考核指标。为了有效实现战略分解、科学合理评价高管绩效，BP 从 2007 年到 2017 年连续多次对高管薪酬政策进行调整，不断简化和更新评价方式，最终确定了现有的评价模式：通过"战略目标—业绩影响因素—关键绩效指标"实现战略目标层层分解，设置量化的绩效考核标准实现考核结果与薪酬联动，年度重点工作任务和长期战略目标两手抓，在实现对公司业绩和高管业绩全面评价的同时，充分反映了股东的偏好和期望。

（3）以股权作为薪酬支付的主要方式，绑定高管利益与股东利益。与股东利益保持一致是 BP 高管薪酬管理的基本原则，BP 高管薪酬中绩效奖励部分占总体薪酬的 70％以上，以年度奖金、业绩分享、持股计划三种形式分别对短期、中期、长期绩效进行激励，其中仅年度奖金的 50％是以现金形式支付，约占高管总体薪酬的 10％左右，其他绩效奖金均以股票形式支付（占总体薪酬的 60％以上），年度奖金和业绩分享获得的股票延期三年支付，持股计划获得的股票在高管退休后才有资格行权。通过股票实现薪酬延期支付的方式，有效实现了高管和股东的长期利益共享。

（4）建立高管薪酬信息披露和追回制度，维护股东合法权益。高管薪酬信息披露制度和薪酬追回制度是西方国家公司治理不断完善的结果，既是国家法律法规的要求，也符合股东利益，形成了对高管不当行为的有效约束，降低了高管操纵公司财务数据带来的风险。我国上市公司和中央企业均已建立高管信息披露制度，但披露的信息仍以薪酬结构和水平为主，薪酬决策过程和绩效评价过程尚未公开，在这方面 BP 为我国企业树立了标杆。薪酬追回制度目前在实际执行过程中仍面临诸多困难，与其说是一种惩罚措施，不如说是对高管不当行为的震慑，其具体操作过程还有待进一步探索。

2.4　本章小结

本章总结梳理了交通银行、国家开发投资集团及英国石油公司在公司治理方面的典型做法和经验。主要特点和启示是：

将党的领导与公司治理相融合，建立中国特色现代国有企业制度，前提是治理结构的融合，关键是治理机制的完善。正如习近平总书记所指出的，中国特色现代国有企业制度特就特在将党的领导与公司治理的各环节有机融合。交通银行首先修改完善了公司章程，明确了党组织在公司治理结构中的法定地位，然后在尊重董事会、高管层和监事会独立运作、发挥各自功能的基础上，通过"双向进入、交叉任职"的基本途径，打造了党委和董事会决策圈，确保高管层精准地贯彻落实党委决定，构建起协同的大监督格局，有效发挥了党组织"把方向、管大局、保落实"的领导核心作用。通过不断完善公司治理机制，探索党组织发挥作用的方式方法，交通银行实现了"分权制衡、有效监督"的公司治理优势和坚持党的领导所带来的政治优势和组织优势。

集团治理既要打造规范高效的治理结构，又要形成有效控制和激发活力有机平衡的管控格局。国家开发投资集团作为新一轮国企改革中国有资本投资公司的试点企业，一方面以现代企业的公司治理架构为蓝本，大力推进董事会建设，积极探索建立职业经理人制度，完善内部监督体系；另一方面，立足"投资公司"的战略定位，开展战略型、财务型管控，建立起"小总部大产业"的管控格局，实施分类授权、分类管理、分类评价，强化总部对基层的服务支撑作用，有效提升了业务单元的发展活力和市场竞争力。

高管的激励约束应体现战略导向、突出量化评价、基于业绩表现、注重长期效果。英国石油公司的高管薪酬管理独具特色。首先，英国石油公司按照"战略目标—业绩影响因素—关键绩效指标"的思路将战略目标层层分解为量化的绩效考核标准。其次，注重建立基于事实和数据的价值评价体系。注重发挥薪酬委员会的作用，通过明确考核标准、量化绩效表现，使得高管人员的绩效评价公平、公正、公开，为后续的价值分配奠定坚实的基础。此外，高度注重考核结果的应用，将高管的业绩表现与其薪酬包直接挂钩，其中可变薪酬占总薪酬的一半以上。最后，注重激励约束的长期效果。在目标设置上，英国石油公司既要求高管层抓好年度重点工作任务，又要坚持长期发展的战略导向。在激励方式上，组合运用现金和股权激励，注重高管人员的中长期激励。在约束方式上，通过延期支付、信息披露、薪酬追回、建立高管退出机制等方式，形成对高管监督约束的多重保险，有效减少了高管层的短视、懈怠和内部人控制等行为。

3

运营模式创新

本章案例要点

ABB： ABB 依托自身先进的自动化技术，利用传感器、通信系统、控制系统、先进的算法等，通过构建互联互通的智能电网基础设施，打通电力和工业自动化价值链全链条各子系统，从而提升从发电端到用电端、从自然资源开采到产成品完工的各种场景生态系统效率，帮助电力企业、公共事业和工业客户提高业绩，并通过创新的业务模式产生了新的收入来源。

汉莎航空： 作为全球航空运输领域的领导者，汉莎航空坚持不懈地进行整合营销传播，树立贴心温暖的品牌形象，在知名度、销售业绩等方面都取得了超出预期的效果。本案例主要将从传播工具、传播途径和资源整合三个方面，解读汉莎航空如何通过社会化媒体时代的整合营销传播策略，助力企业的长久发展。

GE 公司： 通用电气公司作为老牌跨国工业企业，通过率先向"工业互联网"转型，实现了由传统企业向数字化工业公司的华丽转身，为我国企业应对第四次工业革命的挑战、参与新科技竞争浪潮提供了重要参考：一是以"工业互联网"战略为引领，合理锚定企业的市场定位，加强数字能力建设；二是以大数据平台和工业互联网生态系统为核心，成立工业互联网联盟和智慧工厂，打造全新的企业运营模式；三是重视企业管理模式的创新与变革，通过组织再造和体制创新，构建适应"工业互联网"时代要求的企业管理模式。

　　近年来，国际领先企业已将数字化、网络化、智能化技术逐步应用到企业运营模式创新过程中，对产业发展和分工格局带来深刻影响。以下发展趋势值得关注：

　　智能制造在全球范围内快速发展，已成为制造业重要发展趋势。支撑智能制造的关键要素包括工业机器人、高性能传感器、制造执行系统等软硬件装备等标准体系、工业网络设备与系统等基础设施。国际领先的制造企业如 GE、ABB 等，大力推动数字化、网络化、智能化制造，并在全球范围内推广其智能制造理念、模式和标准。与发达国家相比，我国企业在培育和发展智能制造方面仍停留在模仿跟随的战术操作层面，亟待加强战略引领和推动，提升我国制造业智能化水平，在行业内进一步掌握话语权。

　　注重与各类新媒体平台充分融合，创新营销传播模式，提升品牌形象。在社交媒体时代，整合营销颠覆了过去传统单一的广告和促销概念。汉莎航空作为全球最具代表性的航空公司，几年来坚持不懈地以互联网融合应用为重心，高度重视传播工具、传播途径和企业资源的整合营销，通过不同平台设计用户的媒体接触旅程，让用户从各个角度切身感受企业的优质服务态度，从知名度到销售业绩等方方面面，都取得了超出预期的效果。

　　致力于打造互联互通的合作生态系统，实现多方共赢。目前全球制造业向数字化发展、网络化协同转型的趋势已成各界共识。ABB 积极构建开放的云平台是当前工业物联网或工业云应用发展过程中的重要一步，有利于系统构建智能的工厂、产品和服务，以及互联互通的生态系统。GE 为工厂和行业设备开发的世界级操作系统 Predix，创建了与合作伙伴开放创新、协作共赢的生态系统。

　　本报告选择了 ABB、汉莎航空和 GE 公司三家优秀企业案例，深入分析总结了它们在运营模式创新过程中的典型经验与做法，并期待能够给转型发展中的中国企业创新运营模式带来不同角度的启示。

3.1　ABB：互通互联助力智能制造转型升级

3.1.1　公司概况

ABB（Asea Brown Boveri Ltd.）处于全球 500 强地位，集团总部建在瑞士的苏黎世，1988 年由两个国际性企业——阿西亚公司（瑞典）和布朗勃法瑞公司（瑞士）合并而成，拥有 100 多年的历史。截至 2017 年底，ABB 集团雇员超过 13 万名，业务范围遍布超过 100 多个国家和地区。在中国，其线上和线下渠道覆盖 300 多个城市，包含研发、制造、销售以及工程服务等一系列业务活动。

在工业 4.0 时代，ABB 作为机器人及运动控制、全球电气产品、电网领域和工业自动化的先进技术企业，通过构建互联互通的智能电网基础设施，将工业自动化和电力价值链打通，包括全链条各子系统，提高从自然资源开采到产成品完工、从发电端到用电端的各生态系统效率，帮助电力、公共事业和工业客户提高业绩，实现了更大的客户价值。

3.1.2　主要做法

ABB 依托自身先进的自动化技术，通过传感器、通信系统、控制系统、先进的算法等，用互联网将物、服务与人互联，进行大数据分析、加强可靠性、提高生产效率、节约成本及能源，创新业务模式，增加新的收入来源。

（1）"物联网＋"转型战略推动全球设备升级。

积极致力于"物联网＋"研发和改进投入。其中，"物"在"物联网＋"中指具有计算能力的设备，并配备软件及传感器。"物联网＋"指"物、服务和人的互联"，代表着制造业未来的前进方向。近些年来，"物联网＋"的研发及改进一直依靠 ABB 的软件、传感器、通信解决方案及过程控制系统。ABB

网络控制和自动化系统是"工业内联网"的重要构成部分，为世界各地的客户服务。在互联网这个开放平台上，ABB可以交换数据，给多种应用的产生提供便利，提高电力和工业行业的生产效率，增加其灵活性。在云计算以及移动通信等新技术的指导下，工业内联网逐渐向工业互联网转变。

加强设备改造，推动设备互联互通。ABB最新生产的智能外置无线传感器能够显示电机的实时状态数据，借助互联网将实时数据发送到安全的云服务器上。通信连接借助内置在每台传感器中的蓝牙，通过ABB网关或者工作人员的智能手机实现问题解决。云服务器则对数据进行分析，将有用的信息直接发送到员工的客户终端或智能手机。

实时采集设备运行信息，加强数据共享及综合应用。员工在用户终端能够获取运行时间、趋势和负载数据等，用来改善运维方案计划。这些数据和状态能够帮助工厂在整个生命周期内减少电机的总成本，进而增加电机的使用寿命及工作时间，并且提高电机效率和性能。该解决方法将会帮助用户减少电机将近70%的故障时长，在减少10%能源消耗的同时，增加30%的使用寿命。

（2）与微软等公司强强联手，共同搭建合作生态圈。

与微软达成战略合作，依托微软Azure平台提供工业云服务。ABB与微软的成功合作由来已久，迄今双方已为机器人技术、智能电网、船舶与海港以及电动汽车充电基础设施等行业成功开发一系列变革型的端到端解决方案。通过与微软联手，ABB将充分利用包括物联网套件和Cortana智能套件在内的微软Azure服务，挖掘从设备、系统、企业和云平台等各个层面获取的数据的价值。在已整合的云平台基础之上，双方会开发新的解决方案，将下一代数字化，共同努力把ABB机器人、电动汽车及船舶等业务范围的客户数字化经验，开拓到其他领域范围。

通过IBM人工智能Watson系统，进行工业数据计算和分析。ABB将以Watson数据分析软件为特点的IBM人工智能专业技术，与收集机械设备信息的数字产品结合在一起，共同研发在工业领域内人工智能的新型产品。由ABB

通过实时图像采集到的系统缺陷，IBM 和 ABB 计划利用 Watson 的人工智能技术找到，并在此基础上利用 Watson 数据分析，不再使用手动机械检测。未来利用数据处理，双方也可以完成对其他工业领域的分析和优化，进而提高效率和产量，提升正常运行时间。

与华为合作联合研发机器人端到端的数字解决方案，实现机器人远程监控、配置和大数据应用。工业领域内数字化、自动化和智能化转型过程当中，最重要的一环是可靠的工业无线网络。华为在通信领域尤其是无线通信领域已处于世界领先地位，为满足工业应用的特点及要求，ABB 在华为高端的技术创新能力及无线研发能力帮助下提出解决方案，共同研发行业适配的端到端无线产品。2016 年，ABB 与华为签署合作备忘录，共同将华为基于 4G LTE 的 OneAir 产品和技术开发为 ABB 的机器人与工业自动化解决方案，实现远程无线监控与管理、配置、运维，推动工业 4.0 领域的全面对接。

（3）打造开放共享云平台，构建大型开放式工业生态系统。

基于 ABB Ability 工业云平台，提供数字化解决方案。ABB Ability 工业云平台即为"边缘计算＋云"架构（见图 3 - 1）。其中，边缘设备负责工业设备的接入，对关键设备的参数、值和属性进行数据采集；边缘计算服务进行数据的处理和展现，最上层云平台用来对工业性能进行高级优化和分析。ABB Ability 工业云平台整合了现有的 ABB 数字化解决方案和服务，有望为客户、合作伙伴、供应商和开发者创造一个大型开放式数字化工业生态系统，进一步巩固其在能源革命和第四次工业革命中的领导地位。

与第三方开发者合作，进一步开发完善符合客户需求的工业应用云平台。云平台是底层数据的入口，并为顶层的软件应用提供支撑，处在数字化解决方案的核心位置。ABB 通过与系统集成商、软件公司等第三方开发者合作，打造更为开放的物联网云平台。这些云平台开放了对 ABB 全球客户的访问，提供了新的端到端数字解决方案，吸引了更多的工业用户，并开发了满足客户需求的工业应用程序。

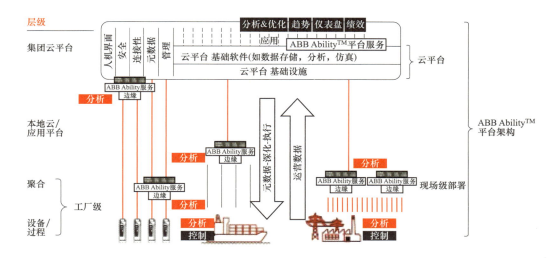

图 3-1　ABB Ability 云平台

（4）整合现有产品和服务，提升四大事业部竞争实力。

当前 ABB 根据业务战略发展需求将集团业务划分为四大事业部（见图 3-2），包括电气产品、机器人及运动控制、工业自动化和电网事业部门。四个事业部以市场为导向，更加专注和灵活，以满足能源革命和第四次工业革命中客户的新需求，助力智能制造转型升级。

图 3-2　ABB 全球业务划分为四大事业部

整合现有电气产品进行集成创新研发。电气产品事业部把已有的太阳能、电动汽车充电和电能质量业务与离散自动化和运动控制分离开来，并围绕现有技术、产品和解决方案，进行数字化创新。

加大机器人及运动控制事业部的机器人业务投入。事业部高度重视快速增长的机器人市场，致力于将机器人制造的领先位置从目前的第二位提升至第一位。

工业自动化事业部推进智能化服务和数字化解决方案在各行业的应用。ABB 掌握众多行业的控制技术，具有把各个行业经验结合起来，相互借鉴、综合运用的独特优势，如制药、矿产、船舶，石油和天然气等行业。依托于ABB公司的技术平台和全球规模，事业部推出了系列智能化服务和数字化解决方案，巩固了其全球领先的地位，已经成为事业部业绩增长的重要推动力。

电网事业部推出"PowerUp"计划，全面挖掘其发展潜力并持续推动转型。能源革命和第四次工业革命带来的新机遇将对电网业务的产品、系统、软件和服务产生巨大的新需求。该计划主要包括核心运营能力建设、关注高成长市场以及启用数字化服务和软件开发等，从而推动相关业务增长，并为数字化转型提供有力支持。

3.1.3 案例点评

ABB的实践案例对企业创新应用新技术、推动智能制造转型升级有如下几点启示：

（1）顺应科技发展趋势，积极布局"物联网＋"。近年来，ABB将物联网所倡导的利用智能产品、传感器和数据分析来提高生产效率当做未来工业发展的一部分。通过互联网将物、服务与人三个要素相连，形成开放的工业网络，ABB所提出的这一理念所涵盖的不止是制造过程本身，而是跨越产品生命周期的整个价值链。随着物、服务与人互联这一趋势的演进，人们将会转而承担对专业知识有更高要求的工作，控制生产过程并做出决策。ABB公司积极布局"物联网＋"，推动全球设备升级这一战略顺应了社会科技发展趋势。

（2）与行业巨头共同搭建数字化合作生态圈，加速补短板。目前信息通信、传媒、金融保险、零售和汽车制造领域的产业数字化水平已经较高，但在电力、电工装备制造等领域，工业数字化的市场空白仍很大。相较于竞争对手，ABB在工业物联网领域较晚入场，GE、西门子等工业物联网的先行者生态圈早已成形。近年来ABB开始加速追赶，通过与行业巨头共同搭建工业数字化合作生态圈，加速补短板，有助于夯实公司的行业地位。

（3）加强信息资源共享，打造互联互通的生态系统，实现多方共赢。 目前全球制造业向数字化、智能化转型的趋势已成各界共识。ABB 积极构建开放的云平台是当前工业物联网或工业云应用发展过程中的重要一步，有利于系统构建智能的工厂、产品和服务，以及互联互通的生态系统。ABB 智能制造业务的转型升级并不局限于工业自动化和机器人自动化，而是推动价值链上各子生态系统相互关联，从而提高整个生态系统效率，并获得更大的客户价值。

3.2 汉莎航空：整合营销的典范

3.2.1 公司概况

德国汉莎航空股份公司（德语：Deutsche Lufthansa AG，简称"汉莎航空"）成立于 1926 年，是德国的国家航空公司。按照载客量和机队规模计算，汉莎航空为欧洲最大的航空公司；按照乘客载运量计算，汉莎航空为世界第四大航空公司。汉莎航班服务全球 81 个国家的 200 余个目的地。

汉莎航空是一家居于世界领先地位的航空运输公司，旗下拥有 400 多家子公司和附属公司，业务涵盖旅客业务、物流、修理和检修、餐饮、休闲旅行和 IT 服务。2017 年，汉莎航空被 Skytrax 评为欧洲唯一一家五星航空。2017 年汉莎航空财报中显示，其全球共有近 129 000 名员工，全年总营业收入达 356 亿欧元，较 2016 年增长了 12.3%；息税前利润达 29.73 亿欧元，较 2016 年增长了 69.7%。

在社交媒体时代，整合营销颠覆了过去传统单一的广告和促销概念。汉莎航空作为全球最具代表性的航空公司，几年来坚持不懈地进行整合营销传播，树立贴心温暖的品牌形象，在知名度、销售业绩等方面，都取得了超出预期的效果。

3.2.2　主要做法

本案例主要将从传播工具、传播途径和资源整合三个方面解读汉莎航空整合营销传播的主要做法。

（1）组合传播工具，增强信息传播效果。

企业需要根据用户接受信息的渠道多样性，分析不同类型传播工具的传播成本和效果，衡量各类工具的优劣势，组合传播工具，增强信息传播效果。汉莎航空对不同媒体平台的整合应用体现在传播流程的不同阶段。

充分利用媒体平台，分阶段设计创意策划。当汉莎航空更换全新主题广告"一路为你 Nonstop You"时，从乘客角度出发，不仅强调航空公司所提供的服务内容，更聚焦于汉莎航空对乘客的人性关怀和服务理念。为刺激用户对产品的购买兴趣，汉莎航空首先关注的是如何拉近与用户的距离，并主动发起公司与旅客的联动。此活动在策划的第一阶段，先在自媒体平台新浪微博（包括当时热门平台人人网）发起传图活动，鼓励用户上传照片，并在线生成海报，成为"一路为你"主题广告中的主角。第二阶段，播出"一路为你"系列主题广告视频，通过内容和与用户的互动，为"一路为你"释意，体现汉莎航空的人文关怀。第三阶段，从汉莎航空社交媒体中现有的粉丝中，筛选出各个目标人群的意见领袖，邀请他们参与到活动中来，让用户站在自己的角度，为自己发声。第四阶段，倾听用户声音，关注用户需求，将"一路为你"融入每日内容发布中去，并定期举行有奖活动，建立稳固亲切的用户关系。

注重线上与线下结合，多角度进行媒体投放。一方面，汉莎航空长期重视付费媒体，包括户外 LED 屏、商务杂志和新媒体。汉莎航空推出的"落叶广告"为了鼓励北欧消费者在秋冬之季前往避寒圣地佛罗里达寻找阳光，利用大自然秋叶作为传递品牌讯息的传播媒介，拉近产品和用户生活的距离。另一方面，汉莎航空会阶段性地在全球各地推出有新意的线下创意互动活动。汉莎航空 2017 年推出街头营销活动"数字报刊亭"，把德国杜塞尔多夫街头的数字信息亭改造成了"售卖亭"。通过"售卖亭"实时直播四位"售卖员"的画面，他们分别来自东京、中国香港、迈阿密、纽约，他们在世界的另一头与杜塞尔多夫街头的观众聊天互动。同时汉莎航空还在"售卖亭"里准备了3500份来自各国的纪念品。此活动投放于寒冷漫长的冬季，旨在唤起受众的旅行意愿，最终在 YouTube 视频平台获得热度。

多渠道数据抓取，全方位收集用户反馈信息。一方面，汉莎航空于2017年推出"Surpass My Individual Lufthansa Experience（SMILE）"微笑计划，通过自有数据分析和移动设备联动，利用客户数据提供个性化营销和服务。计划中，休闲旅客会看到一个汉莎航空网站，功能类似旅游宣传册，根据过往数据建议旅行目的地并标注价格，而频繁的商务旅客会被提供一个看起来像是规划工具的网站，并提供推荐商务酒店、机场休息室的信息。最近一项 SMILE 举措是在慕尼黑机场部署200个蓝牙信标，可在旅客经过时读取旅客数字登机牌，并通过汉莎航空 App 向离境前65分钟以上的乘客提供休息室使用权。另一方面，汉莎航空借助外部平台力量——德国最大的市场调研机构捷孚凯公司，出版关于自身的相关报告，报告内容包括品牌印象、品牌知名度等，以帮助汉莎航空不断完善自身营销策略。

(2) 传播途径丰富，通过科技潮流和创意热点打造极致客户体验。

客户体验是一种在用户使用产品过程中建立起来的纯主观感受。智能化的服务迎合了社交媒体时代用户的新需求，因此，汉莎航空通过不同传播途径提升用户参与程度，形成口碑传播效应。

紧跟科学技术潮流，牢固客户黏性。将新兴科技应用在企业业务中一直都是吸引客户的有效手段。一方面满足了客户的好奇心，主动邀请客户探索新体验，加强品牌对客户的吸引力；另一方面为品牌造势，体现品牌的创新性，营造更有影响力的口碑。具体来说，在机上无线服务方面，汉莎航空是全球首家在定期航班上提供 WiFi 的航空公司，2018年计划覆盖全部洲际及短途航线，使用 Apple Watch 的乘客在空中还可以获取航班等最新信息。在虚拟现实方面，汉莎航空推出"Say Yes To The World"体验活动。通过结合骨骼识别和深度探测技术，"Open Seats"增强现实技术装置可以理解参与人员的动作，并在扩展现实中触发相应的反应。参与者只需在优选经济舱入座，接入传感器和相机便开始进行捕捉。参与者可以与动画 3D 元素、演员和现实环境实时互动，饶有趣味地探索目的地。在人工智能方面，汉莎航空将 AI 技术应用到了整个旅程中，乘客可以向 Facebook 上的聊天机器人"Mildred"咨询最优票价信息。此外，汉莎航空在柏林建立了创新枢纽中心，在座椅、配餐、网站、网络值机等各方面研发创新。汉莎航空计划在 2020 年，乘客将使用手机或平板等个人设备直接控制座椅的姿态和空中娱乐系统。

打造趣味热点，开展创意营销。如何与时下热点结合提升企业效益，一直以来是汉莎航空追求的创新探索。2016 年 7 月，汉莎航空调低了当年的利润预期，声称以欧洲为目的地的长途航班预定"明显减少，尤其是因为多次欧洲恐怖袭击以及政治和经济方面的不确定性越来越大"，且董事会认为不太可能会出现全面复苏的状况。同时，汉莎航空与 Airbnb 平台进行跨界合作，提供不同寻常的豪华经济舱预订服务。在大热的分享经济住宿平台 Airbnb 上，汉莎航空推出"云端豪华体验"（Luxury Awaits Above the Clouds）服务，为旅客提供自法兰克福至纽约豪华经济舱的往返机票，票价为 790 美元起，这一服务包含一张床和四个卫生间的房间，并免费提供电视、WiFi 和空调。同期，汉莎航空在其他平台中的豪华经济舱最低票价为 934 欧元。所以这明显是在 Airbnb 平台上的一种促销手段，让本身难售的仓位重回人们的视线焦点。尽管此举没有成为常态，仅是一次分销的尝试，但是媒体争相报道汉莎航空创意，"空中房屋""有趣的房间"等描述给用户加深有趣新奇的印象，增强潜在用户对品牌的好感度，提供新鲜的客户体验。

（3）加强资源整合，树立优质航空公司品牌形象。

企业的每一个动向都是在向消费者传播信息。传播不只是营销部门或几个部门的任务，而是整个企业为自身稳定发展所作的努力。汉莎航空对企业中与传播相关的资源进行整合，全方位地维护和提升自身品牌形象。

提升员工素质，输出公司品牌形象软实力。汉莎航空坚持以用户为导向，以乘客安全和服务高效作为公司首要职责，建立完善的培训方案。在紧急情况和急救方面，汉莎航空邀请实战经验丰富的讲师为驾驶员和机组人员进行培训。产品范围从初始课程和飞机类型细节延伸到操作员转换和高级客舱乘务员课程，日常培训中还增加了定制课程设计。除了动手培训课程外，汉莎航空提供各种飞机模式的教育影片。在人为因素方面，汉莎航空加强团队沟通、错误管理、决策和协作的行动策略培训。汉莎航空意识到机舱人员沟通不足、内部能力冲突、较弱的决策都是效率低下的原因，也是潜在的错误来源。情境意识、分析思维和快速反应，对于管理复杂的决策情况和提高航空公司的飞行安全性至关重要。在服务方面，汉莎航空培训的宗旨是以客户为导向，课程的重点是发展和扩展服务人员角色专业技能。课程学习方法上，员工可以通过教育电影、虚拟现实和互动移动等方式参与古典教学和傻瓜式实践练习。课程也通过航空产品不断完善，比如汉莎航空在洲际航线上商务舱推出的餐厅服务，在空乘人员亲切称呼乘客姓名欢迎其登机后，开始接受点餐并摆好陶瓷餐具，餐食直接从机上厨房奉上，不再使用托盘和推车，约有 4500 名空乘人员为此参加了特殊服务培训课程。

保留兄弟公司特色，加强集团旗下品牌间协作。汉莎集团（汉莎航空母公司）旗下的三家航空公司各有长处，侧重不同。汉莎航空定位全球高端，品牌知名度高；瑞士航空和奥地利航空是小而精的航空公司，自身国家的服务特色突出。一方面，集团层面强调旗下各航空公司的"自治权"，保留自身品牌特色。汉莎航空代表德国品质，主要以法兰克福和慕尼黑为核心进行航班运营；瑞士航空代表瑞士精品品质，航班中心设计在苏黎世；奥地利航空则是维也纳。三个交通枢纽地理位置各有优势，可辐射整个欧洲市场。另一方面，面临商业竞争时，汉莎、瑞航、奥地利航空会互补优势，协同营销。在集团层面将汉莎航空、瑞士航空和奥地利航空在枢纽管理板块整合以后，根据客户商务、度假等各种出行需求，在不同出行时间、不同中转站、不同乘机体验等方面给乘客最佳的产品组合方案，最大程度地避免了内部恶性竞争，并加大客户的选择权，提高其满意度。

3.2.3　案例点评

汉莎航空高度重视传播工具、传播途径和企业资源的整合营销，通过科学创新的方式达到增强客户黏性、提升品牌形象的目的。汉莎航空的实践为国有企业在整合营销策略方面提供了以下借鉴：

（1）传播工具不再单一，各类媒体平台充分融合。汉莎航空通过不同平台设计用户的媒体接触旅程，让用户从各个角度切身感受企业的优质服务态度。自媒体方面，加强公司与用户的交流，合理结合"讲述"与"倾听"。汉莎航空通过设计阶段性活动，利用微博及视频网站等平台，为用户提供沟通窗口，把内容传递给客户的同时悉心听取用户的声音。付费媒体方面，制作精良的商业广告。不再是传统的直叙式传播，把生活中平淡却真实的小故事改编成广告内容，加强用户的同理心。除了单纯的线上传播，汉莎航空充分开展线下活动。活动并不是直接销售航空产品，而是激发潜在用户兴趣。多角度加强媒体的投放力度，达到高效的传播效果。

（2）运用多元的传播途径，通过互动提升用户忠诚度。用户对公司所进行的品牌宣传大多都持怀疑的态度，但是用户对自身体验持有认可态度。时下流行的人工智能、虚拟现实等高新科技和航空产品的结合运用，为乘客带来更加高效、更具可持续性和更具吸引力的旅行体验，加深用户的黏性，让乘客感受到公司为提升乘客体验不断正面迎接挑战且做出努力。与此同时，汉莎航空高度关注热点，和其他平台或产品进行联合营销，将产品趣味化。通过娱乐性强的传播方式的直接销售效果不一定立竿见影，但为品牌成功造势，打造创意爆点，达到了正向宣传的效果。口碑传播是最廉价的信息传播方式和高可信度的宣传媒介，一旦形成好的品牌印象，用户将亲身参与的特色体验传递给身边的潜在用户，会吸引更多的人关注公司的营销热点。

（3）充分利用企业资源，维护提升品牌形象。每位员工都是企业自身的"代言人"。通过全面完善的培训提高员工专业素质，将安全和高效的公司理念融入服务中去，让客户切身感受到企业品牌的宗旨不只是口号，而是旅途全程，甚至是旅途前的服务质量提升。深度挖掘客户的个性化需求，采用人性化的方式提供最符合客户需要的服务。做好兄弟品牌间的协作配合，最大程度发挥各自的商业优势，通过提供不同需求的产品组合，让僵化的机械化大杂烩营销升级成使客户满意的精准营销。

3.3　GE公司：向"工业互联网"转型

3.3.1　公司概况

通用电气公司（简称"GE公司"）总部设在美国，是世界上最大的跨国技术和服务企业，拥有120多年历史。GE公司业务涵盖航空、能源、医疗、运输、媒体、金融等多个领域。根据最新公开的《财富》世界五百强榜所示，GE公司排在第41位，总资产为3779.45亿美元，营业收入为1222.74亿美元，全球员工人数达31.3万人。

在以人工智能、清洁能源、机器人技术、虚拟现实以及生物技术为主的全新技术改革到来之际，GE公司前首席执行官伊梅尔特下定决心进行战略转型，抓住工业转型的新生产力浪潮，重点以为工业组织提供先进软件和数据创造新价值。2011年，GE公司于美国加州设立软件中心，其数字化道路就此展开。一年后，GE公司郑重推出"工业互联网"这一思想。2016年3月开始，GE公司向外界表明自己是"全球数字化工业公司"，而且着手为工业顾客提供相关创新服务，与华为等各大供应商开展合作，将服务扩展至核心客户群以外的客户中去。之后该公司推出了具备高水准的Predix操作系统，向软件企业发展，预计于 2020 年之前发展为价值 150 亿美元的十大软件企业之一。向"工业互联网"的转型也给 GE 公司带来了实实在在的效益提升，据 GE 公司报告显示，仅在 2016 年，公司就节约了 7.3 亿美元生产成本，这是由于工作流的数字化和新的自动化技术的引入，不仅使得生产系统的停机修复时间更短了，系统的修复成本也有所降低，设备生产水平进一步提高，运营效率整体得到了改进。

3.3.2 主要做法

为成功实现数字化转型，GE 公司率先提出"工业互联网"战略，以"工业互联网"对企业的能力要求为引领，重新定义企业市场角色，以大数据和搭建生态系统为核心变革企业的运营模式，通过企业管理再造形成适应时代发展潮流的组织结构和管理模式，多管齐下，实现了由传统企业向先进数字化企业的跃进。

（1）提出"工业互联网"战略。

互联网的蓬勃发展，促进了制造业的科技发展。在互联网时代，通过打造新产品和业务模式实现产业持续增长，是传统制造业企业亟待突破的瓶颈。为了找到新的增长途径，GE 公司提出"工业互联网"战略。具体而言，即通过改造传统工业设备，采用传感器、嵌入式设备等智能设备，通过数据处理产生新的商业发展思路，进而塑造完全新型的商业模式。"工业互联网"战略多强调软件、网络、大数据、生态系统对工业行业服务方式的再塑。

以数字双胞胎与数字主线引领数字工业。GE 公司提出创建数字双胞胎（Digital Twin）发展数字工业，通过结合多种技术，形成关键流程和工业设备的数字双胞胎，既能降低成本又能提高产品质量。GE 公司还使用数字主线（Digital Thread），它无缝地将设计、生产和维护集成到产品生命周期中，为客户创造一个持续改进的良性循环。GE 公司重构了运维技术（Operation Technology）和信息技术（Information Technology）能力，重新整合当前的业务，研发数字产品并打入市场，创新成果显著，由此形成了一种新的商业模式。

以工业互联网对企业的能力要求重新定义 GE 公司的市场地位。随着大量人员涌入物联网市场，GE 公司面临巨大的威胁和不确定因素的影响，因此其 CEO 重新整合公司的能力，以充分发挥公司在互联网工业领域中的作用（见图 3-3）。

图 3-3　GE 公司在市场格局中的角色定义

1）GE 公司通过培养新的数字工业能力，利用数字主线、Predix＋数据、数字双胞胎提高生产效率，降低公司的生产成本。

2）在客户服务方面，GE 公司不断通过强化流程设计提高生产力，增强了洞察力和建设能力，创造了一套完整的自动化工业应用。

3）面对世界，GE 公司已经使 Predix 平台成为几乎所有产业类别的安全可靠的合作创新平台。

(2) 搭建工业互联网生态系统。

在互联网经济时代，构建良好的生态系统是企业做大做强取得领先地位的关键之匙。GE 公司以大数据和搭建生态系统为核心，推出数据分析平台Predix，成立智慧工厂，搭建工业互联网联盟，逐渐形成了一个富有活力的工业互联网生态系统。

构建数字化 DNA，实施大数据战略。大数据是 GE 公司在工业互联网上的发力点，公司通过大量的传感器，收集各项生产数据，并对数据进行保存、处理和分析，进而实现设备智能操控、生产流程与操作优化、减少能源消耗。GE

公司在大数据战略上进行了一系列部署：2011 年，投入 10 亿美元成立研发工业互联网领域软件技术的全球研发中心。2013 年 6 月，推出了一个大型工业数据和分析平台，通过集成智能机器、传感器和先进的分析能力，管理大型工业设备产生的大型工业数据。2013 年，分别与 Pivotal 和亚马逊开展合作，利用各方优势，致力于为工业应用和基础设施制定云解决方案，联合开发部署工业互联网。之后，GE 又将合作联盟扩大至软银、威瑞森和沃达丰。2015 年，与日本小松集团合作，为各矿山客户提供大数据分析服务，减少矿用车辆的燃油消耗，提升采矿作业的效率。

搭建战略平台 Predix，发挥辐射效应。工业互联网强调机器和设备的互连，并以智能的方式使用数据。2013 年，GE 公司为全部业务单元打造了一体的数字服务平台，即 Predix。该平台就像工业领域的 Android 系统一样，将电力、医疗、航空等管理应用集成一体。

1）利用 Predix，从创新层开始，延伸业务领域。

根据 GE 公司预测，到 2030 年，全球工业互联网中将有 60 多万亿美元用于投资物联网建设，届时将产生巨大的工业数据，规模浩大、种类繁多、运行速度极快。为了抢占先机，GE 公司已汇集其能力和业务重塑经验，创建了最高水平的数字工业平台 Predix，能够提供微服务，形成模块化架构。具体而言，该平台实现了终端到云端的转移，通过连接机器、数据和人员，发挥预测分析功能，并融合了 3D 物理系统模型，支持云计算和大数据技术随时调取和分析，通过不断开展高水平的创新研发，达到工业互联网时代的技术需求。此外，GE 公司及其客户可通过 Predix 平台连接工程、流程、运营、财务等重要模块的关键环节进行创新，迅速将最重要的成果交付给客户，无需重新开发物联网（见图 3 - 4）。

Predix 具有世界首个扩展、重复利用的工业数据分析框架，数据驱动和针对性分析功能强大，分析见解独到，有利于企业业务发展。Predix 不但可以对飞机引擎、核磁共振仪、涡轮等各种机械设施及时监控，而且能同时获取其在

图 3-4　Predix 平台运行逻辑

运作途中急速获得的大量数据并及时处理，能够及时监控、调节、完善，运营效率大幅提高。另外，Predix 提供了安全的数据保存环境，保障在各类云环境中都能与各种应用实现无缝操作。Predix 让 GE 公司不仅在产品科技水平上有所进步，做到了销售产品向服务的转变，还实现了整个传统业务领域的扩展，从发动机等传统工业范畴扩展到智慧城市、大数据等数字工业范畴。

2）开放 Predix，构建工业互联网生态系统和工业互联网联盟。

2014 年，GE 公司表示对全部工业互联网开发者打开 Predix，程序员能够依据企业需要编写程序以及 APP 等，这为工业互联网建立工业生态系统打下了良好的基础。GE 公司还与 PTC 公司一起，针对制造业推出了 GE 品牌方案，双方携手推出解决方法，共同构建 Predix 生态系统。2016 年，全球超前云服务解决方案提供者 Service Max 被 GE 公司以 9 亿多美元的价格收购，Predix 的功能进一步加强。此外，GE 公司与各领域领军企业形成了第一个世界性数字化联盟，包括制造、医疗、航空、电网、能源、基建等领域。

GE Digital 为联盟企业开放 Predix 平台并提供相关培训、配套数据库和技术支持资源等。当研发成员能够熟练灵活运用 Predix 后，可通过该平台研发其他应用程序服务于其他更多领域，发生如同几何级数一样的带动作用，甚至推动其他领域的改革。这意味着，GE 公司通过 Predix 平台实现了工业的数字化变革，硬件设施和软件数据的二合一，成为具有大量数据的宝藏，未来还会产生无尽的可能。

GE 公司十分清楚，单靠自己不能真正实现数字化工业发展的目标，必须还要依靠联盟企业的能力，通过双方、多方的合作实现数字化工业。因此 GE

公司重新定义了与联盟者的合作关系（见图3-5），建立了合作、创新、协调、发展的新型联盟生态系统。

图 3-5　GE 公司与合作伙伴关系的变革

2014 年，GE 公司联合 AT&T、Cisco、IBM 和 Intel 成立了工业互联网联盟（IIC），重新定义制造业的未来。该联盟旨在突破行业、区域技术障碍，加速现实物理世界和虚拟数字领域的全面集结。工业互联网联盟为开放性会员机构，专注提供更优质的大数据应用服务支撑。联盟将有助于各机构间更加便利地连接和优化资产、操作及数据，获得更大的商业价值，以期在行业内部、不同行业间构建规模更大、层次更高的工业互联网生态系统。近年来工业互联网联盟全球影响力持续扩大，已经成为最具影响力的国际化互联网组织之一，其成员机构已经超过 260 家，包含了世界数百家企业、研究机构以及非营利性组织，包括 GE、IBM、Intel、Oracle、SAP、博世、华为、海尔等拥有国际、地区影响力的公司，获得了美、德等国家以及欧盟的支持。

（3）工业互联网理念下的企业管理再造。

为了在公司中全面打造数字化的 DNA，切实达成数字化转型，GE 公司不断创新管理理念，以"群策群力"和"精益创新"模式指导实践，重新调整了组织架构，成立了专门的数字化部门，引进数字化人才，变革绩效考核和人才管理机制，以适应工业互联网时代对企业管理再造的新要求。

以互联网思维创新管理理念。创新的重点即文化价值的驱动，GE 公司在转型之初就强调文化改革，追求改革的文化是 GE 公司文化中相当重要的部分。其表现形式包括两种：即经过潜移默化的渗透和"群策群力"（Work‑out）及"精益创新"（Fast work）等模式在实践中的应用。

"群策群力"管理模式起源于韦尔奇时代，它激励职工寻找工作中的问题，调动职工积极性共同寻找解决方案。"精益创新"表示快速立项、快速测试，以及快速获取市场、顾客反应，这也是 GE 公司在世界进行各个试点的形式。"精益创新"的核心原则是迭代创新、试验空间和快速失败心态，它让 GE 公司不断更新，培养创新创业品质，致力于为顾客提供高质量产品以及相应的服务。

此外，GE 公司为了保证企业变革不受文化的阻碍，制定了能够更快决策并不断更新的员工管理流程，而且努力为员工提供更好的创新环境，向飞速发展的科技型创新企业迈进。为更好地推进变革，企业推出 GE "信仰信念"模型（见图 3‑6）。

图 3‑6 GE 公司的"信仰信念"模型

GE 公司将其与"群策群力"和"精益创新"管理理念相结合，对员工产生了潜移默化的影响，最大程度地调动了员工的积极性，从内心对变革产生认同感和热情。

更新组织架构，成立 GE 数字集团。GE 公司已经建立了一个数字驱动的组织框架。2015 年，一个新的业务单位 GE 数字集团在世界各地形成，最初的软件和 IT 功能被集成到框架中，从而加快了企业向数字化工业的发展，进一步培养了企业发展数字产业的能力。GE 公司十分明确，发展数字化工业的首要任务即进行组织能力再造，包括角色的定义、领导方式、团队的组织和执行的方法等，以确保在实现数字化发展后具备足够的运营和组织发展能力，从而让 GE 公司成为最成功、最著名的转型企业。

变革绩效评价和人才管理制度，招募数字化人才。GE 公司的绩效评价和人才管理采用了"PD@GE"。该工具最大的特点在于能够及时反馈情况，从而帮助员工迅速作出相应调整，并且该工具能够激励员工发展新技能，提供无限的横向发展空间。PD 的应用让企业与企业员工拥有相同的发展信念和目标，从而形成共同发展的企业文化氛围。

同时，GE 公司注重雇佣世界数字化人才，还给予跟世界领先的软件企业匹配的招聘方式和薪酬水平。GE 公司经常向微软、亚马逊、苹果、脸书、谷歌等科技企业的程序员、数据专家抛出橄榄枝。例如，GE Digital 的首席执行官不单单是一位移动、云计算专家，还分别在 Microsoft 和 VMware 小组担任重要职位；Darren Haas 打造了 GE 公司的重要软件——Predix，而他是 Apple Siri 研发团队的成员之一。数字化人才的到来，为 GE 公司的工业互联网转型发展提供了更加强劲的动力。

3.3.3 案例点评

GE 公司的工业互联网转型案例为国有企业提供如下几点启示：

（1）充分利用大数据，将工业互联网的潜力转化为企业的数字红利。第四次工业革命的大幕正在悄然拉开，互联网＋制造将成为新工业革命的核心，数字化将成为企业转型的最基本支撑。GE 公司以大数据为核心，整合工业数据，并将这些数据充分挖掘、利用，以充分管理机器、优化生产流程与操作、降低能源耗损，带来生产率革命。GE 公司推出的大数据分析平台 Predix 能够将数据按照统一标准规范化处理，支持随时取用、剖析，使数据实现了最大程度共享。GE 公司提供的数据表明，不久的将来工业互联网应用会遍布全球各地，这种普遍应用可能会让世界 GDP 年均增长 10 万亿～15 万亿美元。物联网的研发和部署能够让世界经济进入全新的鼎盛时期。工业互联网为制造业、物流业、电力和诸多传统产业企业提供了难得的机遇。提前应用下一代技术的企业能够降低运营成本并提高运营效率，增强自己的竞争优势，从而获得高利润率并改进客户服务。这说明对于传统工业企业而言，务必要走在改革的前端，以保障在将来商业竞争中占据上风。工业公司不仅要改进流程、降低成本，并且要提高顾客服务水平，从而将工业互联网的潜力切实转化为公司的数字红利。

（2）变革企业管理模式，增强打造创新企业文化。组织管理模式与组织文化建设是企业有效运行并实现愿景目标的关键所在。第四次工业革命与互联网经济时代对企业管理与企业文化提出了新要求与新挑战。一方面，GE 公司敏锐地把握了时代潮流，以工业互联网战略为引领，变革企业管理模式，成立专门的数字集团，招募数字化人才，并通过组织学习，创新人才管理与绩效考核模式。另一方面，创新的核心即文化价值驱动，GE 公司文化始终强调改革和创新。GE 公司强调企业应为员工打造适宜创新研发的文化氛围，充分体现科技创新企业的特点，从而成功实现从传统企业向互联网数字化企业的华丽变身。因此，企业的发展要时刻注重企业管理模式的创新和变革，树立创新意识，创新企业文化，通过持之以恒的组织学习和文化修炼，培育组织创新和转型的文化氛围与精神根基，建立创新型企业，为适应第四次工业革命的技术突破和企业变革提供适宜的组织基础。

（3）构建广泛参与的合作生态系统。GE 公司十分清楚，单靠自己的力量不能真正完成向数字化工业发展的目标，必须要与合作、联盟者共同发展，将双方的能力相融合，实现工业互联网转型。因此 GE 公司重新定义了与联盟者的合作关系，建立了合作、创新、协调、发展的新型联盟生态系统，目的便是将 Predix 平台打造为数字工业时期合作伙伴、顾客的操作系统。这种协作、开放、创新的合作模式，连接了经销商、技术同盟、独立软件开发商以及数以万计的程序研发者。估计到 2020 年，每年会有 2 万个用户在 Predix 发布 APP，如果进一步推出 Predix 系列产品、应用程序等，将面临巨大的工业 APP 市场，价值可超过 2000 多亿美元。企业要及时把握工业互联网领域发展带来的机遇，并充分利用数字化带来的福利，需要与网络连接和基础设施方面的供应商，以及广泛的技术提供者，建立良好的伙伴关系，以支持现有的服务发展，提高部署创新技术的成功几率。

3.4　本章小结

本章总结梳理了 ABB、汉莎航空和 GE 公司在运营模式创新方面的典型做法和经验。总体来看，领先企业的运营模式创新呈现出以下三个基本特点：

顺应科技发展趋势，积极应用"大云物移智"等现代信息技术。第四次工业革命正在成为全世界关注的焦点，"大云物移智"等现代信息技术的应用将成为企业运营模式创新的最基本支撑。以智能制造为例，ABB 通过创新应用物联网技术，利用物联网倡导的智能产品、传感器和数据分析作为未来工业网络发展的一部分，并通过互联网连接事物、服务和人，推动企业实现数字化、网络化和智能化转型升级。

注重协同共享各类资源，推动实现多方共赢。GE 公司为工厂和行业设备开发的世界级操作系统 Predix，重新定义了与联盟者的合作关系，建立了合作、创新、协调、发展的新型联盟生态系统。ABB 积极构建开放的云平台是当前工业物联网或工业云应用发展过程中的重要一步，其智能制造业务的转型升级不仅局限于本企业的工业自动化，还是整个价值链各子系统相互连接之后，带来的生态系统整体效率提高。

　　注重企业文化和品牌打造，多途径培养公司软实力和影响力。汉莎航空高度重视传播工具、传播途径和企业资源的整合营销，通过科学创新的方式，让用户从各个角度切身感受企业的优质服务态度，达到增强客户黏性、提升品牌形象的目的。例如，汉莎航空于 2017 年推出"SMILE"计划，通过自有数据分析和移动设备联动，利用客户数据提供个性化营销和服务。

4

科技成果转化

📍 本章案例要点

中石化： 中石化坚持"石化发展、科技先行"的方针，通过健全体制机制，加快科技成果转化。设立知识产权专业管理部门，优化知识产权发展策略及专利布局，不断提升集团知识产权管理水平，为成果转化提供保障。持续推进开放创新，深化产学研合作，打通科技成果转化链条。深化落实推动科技创新孵化，加大科技创新激励力度，激发科研单位及人员创新活力。

航空工业： 航空工业着力盘活创新资源、激发科研队伍活力，将科技成果存量转变为经济发展增量。一是规范操作流程，从实际问题出发，形成"五步实施法"，批量化、标准化推进成果转化；二是夯实制度基础，推动收入与贡献挂钩，完善中长期激励机制，统筹规划军、民板块人才激励，兼顾公平与效率；三是强化"双创"模式，线上线下开放共享航空科技资源，创新合作模式，带动外部"双创"、激活内部"双创"，提升科技成果的商业化开发效果。

北方车辆研究所： 北方车辆研究所坚持以市场为导向，建立适应内部发展需求及外部市场竞争的成果转化机制。突破科技人员与市场的距离限制，确保科技成果满足市场需求；设立专项基金，加强孵化力度；完善考核评价，保障高质量成果持续产出；建立激励机制，调动科研人员积极性；建立全面保障机制，通过搭建创新平台、给予政策倾斜，全方位提升科技成果转化效率、效益。

当前，我国社会经济发展已经进入新常态，经济增长的主要动力需要由要素驱动和投资驱动向创新驱动转变。成果转化是科技创新链条中的重要环节，是打通科技创新"最后一公里"、将科研成果转化为现实生产力的重要途径。但在执行过程中，一些企业还存在转化意愿不强、转化信息不畅通、转化渠道狭窄等问题。先进企业依据自身发展实际，创新体制机制，逐渐探索促进科技成果转化的有效举措，以下方式值得借鉴：

从战略和组织层面提升知识产权运营及管理水平，为科技成果转化提供坚强支撑。高效的知识产权运营及管理是企业进行科技成果转化的基础与保障。设立专业的管理部门，提供知识产权运营和服务，提升知识产权管理的效率和规范性。制定知识产权发展战略，优化知识产权布局，促使科研与产业方向一致、相互促进。同时，加强对科研人员知识产权保护基本素养和相关法律法规的培养和学习，营造良好的知识产权保护氛围。

以市场化理念为指导，建立促进科技成果转化的孵化与转化机制。创造经济效益、提升企业价值是企业科研创新投入的根本目的。2015 年以来，国家先后颁布一系列关于科研成果转化的法规和政策，从制度层面为企业科研成果转化做了顶层设计。国内一流企业紧跟政策步伐，结合自身实际情况，落实相关政策要求。参考风投基金，建立孵化器和专项基金，采取市场化方式培育科技项目。简化成果转化项目的审批流程，设立限额管理制度。采取灵活的科研人员流动机制，促进科技成果转化。

完善激励机制，充分调动科研单位及人员的积极性。科研人员是创新的主体，最大化地激发科研人员的创新活力是进行科技成果转化的前提。通过建立合理有效的激励机制，有助于充分调动科研人员的研究热情，提升进行科技成果转化的意愿。通过中长期的激励机制，使科研人员的利益与企业利益保持协调一致，逐步树立以价值创造为导向的薪酬分配模式。根据不同的业务板块的特点，有针对性的统筹设计激励方案，明确参与激励的门槛标准和兑现的具体条件。

本报告选取了中石化、航空工业和中国北方车辆研究所三家公司作为典型案例。中石化在知识产权运营方面表现出色，航空工业构建的五步实施法为科技成果转化提供全方位支撑，中国北方车辆研究所则建立了较为全面的民品成果转化体系。这些企业在科研成果转化方面创新体制机制，取得了良好的成效，对我国国有企业优化完善科技成果转化体制机制具有借鉴意义。

4.1 中石化：优化科技成果转化机制，激发创新活力

4.1.1 公司概况

中国石油化工集团公司（简称"中石化"）成立于 1998 年，是在原中国石油化工总公司基础上，重组成立的石油石化企业集团。目前，中石化已发展成为我国最大的成品油和石化产品供应商、第二大油气生产商，以及世界第一大炼油公司、第二大化工公司，2017 年，中石化位列《财富》世界 500 强的第 3 位。公司主营业务包括：石油、天然气的勘探、开采、储运、销售和综合利用；煤炭、成品油的储存、运输、批发和零售；化工及能源产品的生产、销售、储存、运输；石油石化工程的实施及设备的研发、制造与销售；自营和代理相关产品和技术的进出口；对外开展工程总承包、招标采购、劳务输出、国际化仓储与物流业务等。

目前，中石化拥有 8 个直属研究院、10 个直属研究分院、50 余个企业所属研究机构，建有 18 个国际级研发机构、28 个集团公司重点实验室等创新平台，直属单位的研发人员有 6000 人，企业级研究院（含分院和企业）共约 1.5 万人。

作为国有企业重要骨干企业，中石化坚持"石化发展、科技先行"的方针，大力实施创新驱动战略，紧紧围绕主业发展，完善科研体系机制，坚持开放创新，激发创新主体活力，加快科技成果转化，积极开展科技改革和重大关键技术攻关，抓好重点前沿技术研究，有效驱动公司高质量可持续发展，取

得了一系列重大创新成果。截至 2017 年底，中石化获得了国家技术发明奖、国家科技进步奖共计 446 项，其中，国家最高科学技术奖 1 项、技术发明奖 75 项、科技进步奖 370 项；共荣获专利奖 106 项，其中专利金奖 19 项，专利优秀奖 87 项。

4.1.2 主要做法

创新成果转化成为中石化集团公司和各企业科技工作的着力点，通过健全体制机制，打通科技创新的"最后一公里"，将科研成果转化为现实生产力。以市场为指引，强化问题导向，通过加强产学研联合攻关，创新企业科技孵化器、完善科技奖励评审制度等全方位措施，提高科研效率，激发员工创新活力，加快重点领域的技术成果转化应用。

（1）持续提升知识产权管理水平。

中石化的知识产权管理采取"产权集中、两级管理"的方式，在总部设有知识产权处进行产权的集中管理；在每个课题组设有来自知识产权管理部门的专利工程师。

集团总部制定知识产权策略及专利布局。在知识产权策略方面，中石化采取防御与进攻相结合的策略，主要采取引进、消化、吸收，然后再创新的专利策略，实现对知识产权的创造和保护。在知识产权策略执行方面，采取知识产权共享、交叉许可或购买等方法，加强与国内外大企业和研究机构的合作。同时，加大风险防控和维权力度，强化对知识产权的保护，并避免在相关领域侵犯他人的知识产权。在专利布局方面，中石化根据集团直属科研院、工程设计院、生产企业、分公司等不同的产业格局，在集团战略发展规划中明确提出其专利布局目标——发明专利集中于科研院所，实用新型专利主要来自于生产企业的公司。通过集团的统筹规划，中石化实现在国内外专利申请结构和布局的合理性。

加强对科研项目中形成的知识产权的管理。中石化围绕产品链部署创新链，采用一体化科研管理模式，加速专利的转化，让科技创新更接地气。中石化的科研课题都来自企业生产实际和发展需求，成果直接应用于企业。在科技项目执行全过程中，中石化鼓励项目科研团队及时开展相关专利、专有技术和软件著作权等知识产权的申报工作，并不断提升申请专利的质量，加快相关知识产权向实际生产力的转化。

中石化采取多种方式，不断提升集团的知识产权管理水平。例如，每年组织 2 次为期 15 天的专利工程师的脱产培训；选派知识产权管理优秀员工代表到国内外知名的知识产权律师事务所学习深造；与中国知识产权培训中心合作，制定集团知识产权培训的系列内部教材，建立集团内部知识产权的远程教育体系，建设核心技术领域专利动态数据库，充分利用知识产权信息。同时，持续开展不同专业领域的知识产权战略研究，高度重视专利发展战略对集团自主创新的引领和带动作用；开展知识产权管理相关课题研究，涵盖知识产权的制度建设、流程管理等内容。

（2）进一步加强产学研深度合作。

中石化深化产学研合作，持续加强推进开放创新，与行业内优势力量共商合作、共谋发展，实现持续有效发展。

中石化与相关高校、科研院所、企业、院士及专家建立了紧密的合作关系。一是充分发挥双方的基础理论及人才优势、工程及产业转化优势，推动在前瞻性、基础性及关键共性技术的研究和攻关，构建系统的知识共享平台。二是与相关高校建立了良性的人才引进与培养机制，通过联合开展人才交流培养等多种方式，实现跨学科、跨专业、跨单位的人才资源共享。三是遵循平等互利的原则，进一步完善知识产权共享机制。

（3）深化落实推动科技创新孵化。

为了提高集团科研成果产出的效率，加快科技成果的转化应用，培育新兴业务，激发科研人员的创新活力，2017 年 8 月，中石化出台了科技孵化器建设试行方案，该科技孵化器共包括"创新空间"、"新领域培育"、"创新企业孵化器"三个主要部分。其中，"创新空间"网络平台可以为科研人员的创新创业提供跨单位、跨学科的交流和服务渠道，实现资源的共享，例如 2017 年举办的首届中国石化杯创新创业大赛，共征集创新创意项目 561 个；"新领域培育"模块是鼓励集团所属单位以激发科研人员创新活力、提高科研效率为目的，在可能涉及未来发展的新领域，探索灵活的创新机制；"创新企业孵化器"主要通过鼓励科技人员通过成立员工持股的混合所有制创业企业，加快新兴业务的培育，提高科研效率，激发员工创新活力。同时，中石化下属科技开发公司相当于集团的孵化器，一方面可以引领主业发展，另一方面也可以为主业的发展提供服务。

同时，为了保障科技孵化器项目顺利推进开展，中石化制定了一系列保障机制。例如，设立科技创新创业的专项资金作为创新企业孵化器投资资金的重要来源。该基金参照风险投资基金的模式进行运行，初期规模为 2 亿元，选择盈利模式清晰且具有良好发展前景的创业公司参与股权投资。对投资项目简化投资审批流程，对拟投资孵化的科研项目采取三级限额管理。对于科技创新创业的专项资金和所属实施单位自筹的科技创新创业资金，在起初 3 年内，不对其投资收益等指标进行考核。对进入创新企业孵化器的创业人员，其薪酬由人事部单独进行核算，不计入其所属单位的工资总额，并积极探索实施员工分红和股权激励政策；对进入科技孵化器创新创业的系统内科技人员，经原单位同意，可申请"停薪留职（保岗）"，所属单位在 3 年内保留其人事关系，享有同等的与在岗人员参加职称评审、岗位等级晋升等方面的权利。

（4）加大科技创新激励力度。

在符合国家法律法规相关要求的前提下，中石化针对科研核心骨干人员，探索实施股权和分红等激励机制，对在科技成果转化方面做出重要贡献的人员给予相应的奖励。每两年，中石化对集团的优秀专利、优秀专利工作先进单位和先进个人进行评选并奖励，并将已授权专利列入员工职称评定的指标。

为加速科技成果转化，中石化科技奖励评审更加注重项目的实施应用效果和经济效益，引导科技人员结合生产搞科研。科技奖励进一步向原创性科技成果倾斜、向一线科技工作者倾斜。其中，科技创新功勋奖每人税后 100 万元，科学技术进步特等奖每项 300 万元，让科技创新者名利双收，激发创新热情。同时，中石化鼓励其下属企业根据各自业务范围及特点，开展应用技术的开发，并积累相关知识产权，推进科技成果在企业间的转化推广，鼓励支持企业间有偿分享科技成果。

4.1.3 案例点评

中石化贯彻党中央建设世界科技强国的战略部署，坚持"石化发展、科技先行"的方针，大力推动集团科技创新体制机制改革，走出一条创新驱动引领企业发展的路子。紧紧围绕主业发展，完善科研体制机制，坚持开放创新，加快科技成果转化，激发创新主体活力，有效驱动公司高质量可持续发展。

(1) 全面提升知识产权管理水平。知识产权是企业重要的创新资源，知识产权战略是企业发展的重要战略之一。中石化对知识产权采取专业化管理，一方面设置专门的机构、培养专业的管理人员，开展知识产权的管理工作，通过学习培训交流及管理课题研究的形式，不断提升专业人员的管理水平；另一方面，将知识产权管理贯穿于科研创新的全过程，为科研项目配备专利工程师，专业负责科研项目中知识产权的布局及各项策略的落实，为科技成果的转移转化奠定了坚实的基础。

(2) 完善科技创新和成果转化奖励机制。完善的科技奖励机制是提升企业创新活力，激发科研人员创新动力的重要因素。中石化持续完善科技奖励制度，创新体制机制，在物质和精神层面加大对科研人员和科研院所的奖励力度。一方面，完善科技成果转化收益分配机制，明确将一定比例的科技成果转化收益用于奖励相关科研人员；另一方面，对科研人员为促进成果转化，在技术咨询、技术服务、市场跟踪等方面开展的工作给予支持和奖励，营造有利于科技成果转移转化的良好氛围。

(3) 建立从科技研发到成果商业化的创新全链条。成果转化是科研成果实现应用价值和商业价值的重要环节，是科研创新链条的末端环节，为了避免科

85

技成果转化难的问题，应在科研创新的全链条强调成果转化导向。中石化对科研项目采取一体化管理模式，在立项和科研项目全过程管理过程中，以市场需求和现实问题为导向，确定科研方向，避免科研生产脱节，并将成果转化作为科研项目考核的重要因素。对关键共性技术、重大攻关技术、生产应用技术、现场支持技术等，实行分级分类管理，采取规范化、差异化管理方式，促进科研效率的提升，促进科研与生产的紧密结合。

4.2　航空工业：强驱动、融资源，高效推进科技成果转化

4.2.1　公司概况

中国航空工业集团有限公司（简称"航空工业"）是由中央管理的国有特大型企业，于 2008 年 11 月 6 日由原中国航空工业第一、第二集团公司重组成立，是航空航天领域四大央企集团之一（其余 3 家为航天科技、航天科工、中国航发）。航空工业主要开展三方面业务：一是以国防领域为核心，研发制造先进航空武器装备；二是兼顾民用航空领域，针对交通运输需求提供装备产品；三是创新发展工业制造及其他商业领域，将航空技术转化应用于汽车零部件、液晶显示、电线电缆、印刷线路板、光电连接器、锂离子动力电池、智能装备等产品制造业，协调开展金融投资、工程建设、航空创意经济等现代服务业务。航空工业下辖 500 家子公司（含 27 家上市公司），员工逾 45 万人，为全国 30 余个省、直辖市、自治区，以及亚太、欧美、非洲 180 多个国家和地区的客户提供军民领域产品和服务。

在国防和军队改革深入推进，民用航空、工业制造、现代服务业的发展环境日新月异的背景下，航空工业针对自身一系列问题和不足，创新体制机制，在盘活科技和人才资源、高效推进科技成果转化方面积累了一定经验。

4.2.2 主要做法

在经济体制改革、国资国企改革深化的背景下，基于日渐成熟的外部政策体系，航空工业在科技成果转化、激励机制改革、双创等方面开展了一系列工作，盘活创新资源、激发队伍活力、挖掘和发挥人才及技术优势，并着力将科技成果存量转变为经济发展增量，发挥科技资源对企业发展的支撑和引领作用，实现航空产业与非航空产业相互促进。主要做法如下：

（1）规范操作流程，批量化、标准化推进科技成果转化。

航空工业在国家政策和改革工作基础上，于 2017 年 7 月印发《中国航空工业集团公司实施科技成果转化指导意见（试行）》，对集团内部实施科技成果转化提出了具体要求，规范了科技成果转化的方式和程序，为科技成果转化工作的高效有序开展提供了有力指导。

从实际问题出发，明确科技成果转化"五步实施法"。 航空工业通过在集团内部开展广泛调研，了解各单位实施科技成果转化的切实需求和工作疑难点。针对科技成果转化范围不明确、转化制度和流程不健全、成本核算方法有待统一规范、激励政策及奖励报酬来源不明确、科技成果转化信息获取不畅等普遍性问题，航空工业总结提出"建清单、选方式、定比例、做转化、兑奖酬"的五步实施法。集团层面多部门联动，紧密结合各板块业务特点及相关主体具体诉求，对选取转化项目、明确转化方式、约定和兑现奖励等环节提出规范性要求，为各单位开展科技成果转化提供全过程指导。

试点开展科技成果转化奖励，积累工作经验、形成示范效应。 航空工业充分考虑各单位的业务特点和历史积累，鼓励具备条件的单位和项目在规范的操作框架下先行开展转化、兑现激励。航空工业首先选择航电、机电、航空研究院、制造院、成飞等 10 家试点单位征集科技成果转化和应用项目，以"港珠澳大桥岛隧工程沉管隧道管节姿态检测系统"为代表的百余个项目完成了上报。通过综合评选、符合条件的 67 个项目，由集团对主要贡献人员实施激励，相应的奖励报酬已在 2017 年工资总额中进行单列兑现。

（2）夯实制度基础，深化科研队伍激励机制改革。

为了更好地吸引、保留和激励核心骨干人才，让做出主要贡献的创新人才共享科技成果转化收益，激发人才创新创业活力，促进企业业绩提升和长期可持续稳定发展，航空工业深入推进内部分配和科研人员激励机制改革，完善技术、管理要素按贡献参与分配的机制。

推动收入与贡献挂钩，奠定改革基础。航空工业推进高级管理人才激励约束体系"去行政化"，淡化行政级别、职务待遇等，高管薪酬突出权责利统一及契约化管理。航空工业完善以价值创造为导向的员工绩效薪酬体系，构建现代企业制度框架下的员工报酬合理兑现及增长机制。对薪酬水平的外部竞争力开展常态化评估，平衡各单位经营环境差异，基于经营难度调整确定利润目标，使企业工资总额及个人绩效薪资更合理地反映价值创造。

完善中长期激励机制，为科技成果转化收益分配提供支撑。在经国资委审批通过、陆续开展一系列试点后，航空工业于 2017 年 7 月出台了集团层面的中长期激励总体方案，印发《中国航空工业集团公司中长期激励暂行办法》，覆盖集团内国有科技型企业、上市公司和非上市公司，加大核心骨干人才激励力度。对国有科技型企业，按照相关政策积极推进分红激励、稳妥开展股权激励，激励额度在集团公司工资总额外单列。对上市公司，推进限制性股票、股票期权等股权激励。对非上市航空制造企业、科研院所、重点民品企业，拿出部分集团工资总额开展岗位分红和项目分红激励；且明确在试点运行阶段，项目分红激励单列工资总额主要用于集团级及以上科技成果转化项目实施的项目收益分红。

一方面，激励方案对拟实施企业的基本条件做出了明确规定，比如需满足治理规范、管理制度健全、发展战略明确、主业突出、全面完成年度科研生产任务等。另一方面，对激励兑现条件做出明确要求，单位必须达到事先约定的业绩考核指标方可兑现激励收益，通过与单位长期业绩指标挂钩的方式，确保中长期激励的兑现与企业战略、长期业绩和运营质量相匹配。同时，要求同一单位、同一激励对象原则上只能采取一种中长期激励方式。

基于军民板块的经营差异性，统筹设计科研人才激励方案。航空工业集团层面大力推进军民融合，加强科研及产品开发环节的全产业链协同，深化资本运作、战略合作、以融促产，有效开源，以效益促激励。民品部门基于更为开放的商业开发体系，通过科技成果转化收益分享有效提升激励力度；军品部门获得集团工资总额划拨倾斜，加大专利申报、成果申报等的考核和奖励力度，同时探索建立国家、单位和个人的知识产权混合所有制，奖励科技成果完成人及为成果转化做出重要贡献的员工，有效兼顾了不同类型单位、不同群体的激励诉求。

(3) 强化"双创"模式，提升科技成果的商业开发效果。

航空工业先后获批国家"双创"示范基地、国家专业化众创空间等国家级资质，围绕"打造联合创新创业生态、完成线上线下协同体系、构筑创新创业商业范式、推动军民融合产业发展"四项功能定位，持续推进"双创"体制机制创新。激发内部协同创新活力的同时，发挥资源带动效应，广泛吸纳社会资源共同参与创新发展，有效拓展和深化了科技成果转化渠道。

完善基础配套服务，助力解决技术供给及市场转化关键问题。航空工业以积极发挥产业资源优势，为创新创业提供航空先进技术和研发能力双供给为工作核心，着力解决"双创"工作的关键问题。在集团层面构建了航空工业科技成果转化、电子设计云服务、智能制造服务三大网络服务平台，面向科研院所和企业提供设计、成果评价及成果转化、技术合作对接和咨询、专利代理服务等服务，初步形成"互联网＋双创"网络生态。其中，科技成果推广转化技术服务中心和知识产权管理办公室聚集了上千名专家，为科技成果推广转化工作及知识产权交易、许可、作价投资及孵化等运营工作提供专业支撑。同时，积极打造国家级孵化器、众创空间，多方合作、共同建立支持"双创"的产业基金和创投基金等。

通过创新创业大赛向投资方推介优秀科技成果，促进科技成果的市场转化。航空工业在集团层面举办"联创杯"创新创业大赛，鼓励各层级各单位各专业员工积极参与，首届"联创杯"创新创业大赛累计收到来自 14 个直属板块、103 个成员单位的 839 个创新创业项目，涵盖创意、技术、项目、产品、服务等多种形式和类机器人、智能硬件、医疗健康、飞行器、新材料等众多领域。"联创杯"创新创业大赛开展之前即与外部投资方达成初步投资合作意向，经过大赛的选拔评估，最终遴选出的 4 个获奖项目团队与投资方成功签署了投资意向框架协议。

搭建开放式平台，提高科技成果与市场资源的对接效率。2017 年 7 月底，航空工业建立的国内首个航空科技成果服务平台"中航爱创客"正式上线运行，旨在快速高效对接社会企业，加速多年积累的先进科技成果的转移转化。该平台汇聚了可用于多个新兴产业领域的先进航空技术成果，通过转让、许可、合作开发等方式实现转移转化，创造商业价值和社会价值。通过该服务平台，用户可快速寻找和了解优质的航空技术资源，并在线提交合作意向，也可直接在线提交技术需求信息，并根据需要进行线上线下的沟通交流。

4.2.3 案例点评

航空工业以科技成果转化为重要抓手，完善机制、融通资源，盘活内部创新存量、激发科研队伍创新动力，统筹开展双创和科技成果转化工作，多渠道多平台推动科技成果转化，在提升经济效益、夯实经营能力方面卓有成效。主要启示包括以下几个方面：

（1）完善激励机制是推进科技成果转化的基础。航空工业针对科技成果转化亟待有效激励的根本问题，打破待遇与身份挂钩的行政化束缚，将收入与贡献相挂钩，建立匹配分阶段、分企业类型、分人才类别的中长期激励机制，增加骨干人才薪酬中的激励要素，有效激发了人才推动科技成果转化的动力。尊重人才激励和开发实际，坚持"兵马未动，粮草先行"，创新机制、短期激励与中长期激励并重，充分把握政策机遇，通过重点项目试点激励形成示范效应是深化改革的有效途径。

（2）解决市场需求是开展科技成果转化工作的发力点和突破点。航空产业辐射广、链条长、连带效应强，尤其是基础学科的科技创新成果具有专业性强、应用范围广泛的特点。航空工业通过举办创新创业大赛，引导员工主动响应市场需求，寻找科技成果的转化点；同时邀请外部企业、创投基金参与，充分向市场展示科技成果，实现供给与需求的有效对接。如何激活沉睡的科技成果，转化为经济效益，协调好"我们有什么"和"市场要什么"是科技成果转化的关键环节。综合考虑双创工作、科技成果转化工作的现实问题，建机制、给指导，消除科技成果市场化转化、商业化开发的机制障碍是企业开展科技成果转化工作的突破重点。

（3）建立开放式平台是推动科技成果高效转移转化的有效途径。航空工业坚持线上线下相结合，建立了三大网络服务平台和十大地方双创中心，搭建了高效"创新"的平台、综合"协调"社会资源的平台、面向国内外"开放"的产业聚集和发展的平台、实现产销双方互动"共享"的平台，通过聚集社会资本、企业力量、人才技术，为科技成果转化提供多重动力，有力提高了转化效率效果。打破信息壁垒，高效融通资源，发挥内外部多主体的创新能动性，在开放式平台上"洗练"出最佳的科技成果转移、转化方式，是企业高效推进科技成果转化的可行途径。

4.3　北方车辆研究所：市场导向、精准发力，促进成果转化

4.3.1　公司概况

中国北方车辆研究所（简称"北方车辆研究所"），隶属于中国兵器工业集

团公司，主要从事地面移动平台技术的研发与制造。其主要业务涵盖特种车辆、民用汽车和专用汽车的研究开发及试验测试等，涉及车辆的总体设计、传动技术、电气技术及控制技术等。

北方车辆研究所下设 5 个科研技术部、1 个试制部及 3 个中心，拥有 1 个车辆传动重点实验室及 40 余个行业先进水平的现代实验室，涵盖车辆环境试验、电磁兼容测试等多个专业领域。现有职工约 1700 人，拥有 2 名中国工程院院士、4 名中国兵器首期专家及 15 名集团科技带头人。同时，北方车辆研究所拥有动力电池、汽车整车检测等多项检验检测能力，并通过了 CMA、CNAS 的认证。

建所以来，北方车辆研究所积累了大量的研究成果，有效地支撑了科技创新能力的提升，同时依托在军工方面的科技创新，不断向民用市场进行成果转化并推广，引领民用产业发展。为了应对高度开放的民用市场，北方车辆研究所逐渐探索出一套行之有效的管理机制，在满足国资国企监管要求的前提下，创造更好的经济和社会效益，保障了科技成果转化推广。

4.3.2 主要做法

北方车辆研究所将创新成果的市场化作为发展民用产业的核心任务。在先进科技创新成果基础上，通过建立民用产业发展的相关机制，保证满足市场需求，同时适用于内部发展，从而形成民用产业发展壮大的重要支撑。北方车辆研究所推进科技成果转化的主要经验包含五大机制（见图 4-1）。

图 4-1 北方车辆研究所促进成果转化五大机制

（1）建立科技研发的市场引导机制。

为了加强科技创新成果，真正满足市场需求，能为市场所接受，北方车辆研究所开展了广泛的市场研究。

开展广泛外部市场调研。北方车辆研究所在了解相关企业市场需求的同时，积极向与研究所业务相关的企业进行学习取经；内部则进行充分自我挖掘，集中发挥各部门的技术优势，研判市场竞争力。

积极开展产品的市场分析。北方车辆研究所着重分析产品的市场前景、潜在需求、竞争对手状况等要素。北方车辆研究所搭建相关平台，保障科研人员与客户的有效对接，对有市场前景的项目，支持科技人员对技术进行二次开发，力求为客户提供优质、满意的服务产品。

（2）建立完善的科技成果投资转化机制。

设立专项民品发展基金。北方车辆研究所通过设立专门基金来保障民用产品的开发研究，同时对基金的具体使用对象、用途等进行了详细而明确的规定，形成了一套较为完整的科技成果孵化的保障制度。尤为特殊的是，基金的受众不局限于研究所内部，同时面向研究所参股的所有企业，对所有具备创新实力或具有较大市场前景的项目进行优先支持；对高科技技术引进项目优先扶持；同时对具有较大市场前景项目的前期产业化工作进行优先支持，对涉及民品单位发展需要的新兴技术有选择性的支持等。

拓宽基金的覆盖程度。民品发展基金积极支持涉及增强民品创新能力的设备改造、技术改造等项目。北方车辆研究所通过对技改项目的支持，加速新产品设备购置及老旧设备更新，保障了生产力的提高。

加强基金的使用合规性。为保障基金使用的合法合规、孵化项目切实能够有效产出，基金会定期组织召开民品项目立项评审会及民品项目启动会。通过立项评审会，专家咨询委员会对项目定位及技术实施、经费预算、执行进度及产业化前景等进行审查，综合考虑项目及市场的各类因素，审查是否给予项目基金支持。项目立项后，成立项目小组，明确小组成员的具体的相关工作职责，确保工作保质保量、如期完成，同时研究所对项目考核也开始同步进行。通过系统化、体系化的机制运转，统筹了军、民用产品在人、财、物、时间、设备等环节的多种资源，并通过明确项目负责人、工作计划等，共同推动民品项目有效开展与实施，有利于提升研究所的综合实力。

（3）建立健全成果转化考核评价机制。

通过建立健全成果转化考核评价机制，在项目转化实施的前端就开始监督评价，协助项目合理规范开展，在项目实施过程中进行中期指导，协助项目团队开展问题分析，同时项目结题后组织专家给予后评价。考核主要聚焦于项目的实施情况、项目与市场的接轨程度、预期的经济社会效益等。

组建专家咨询委员会。北方车辆研究所积极发挥专家优势，聘请资深专家参与项目的立项评审，通过专家对项目的市场竞争力、市场前景及预期效益等综合评判，对项目的立项与开展给出科学合理的评价。

实行项目经理制，并完善合理监督机制。北方车辆研究所开展项目经理制，通过充分授权，赋予项目经理对项目战略规划、战略目标及质量管控等全面把关，协同内外部资源，推动项目开展，加强责、权、利的统一，实现项目从立项到效益的全过程跟踪和质量管控。同时，北方车辆研究所相继出台了关于市场化项目的专门管理办法及细则，规范项目经理职责、项目实施过程，对促进项目及相关产业向规范化、良性化发展提供保障。

（4）建立科技人员的激励机制。

基于北方车辆研究所的特殊性及业务的交叉性，所内的科技人员同时肩负着军品业务和民品业务的研发，而两者的考核导向性又大不相同。

为激励科技人员积极参与民品科技研发，北方车辆研究所通过制定出台一系列激励政策，从制度上、机制上赋予科技人员相关权利及经费支持，充分调动了科技人员参与民品科技研发的热情，推动公司科技成果转化的有效实施。

（5）建立成果转化的保障机制。

营造创新为所的文化氛围。北方车辆研究所鼓励广大科研人员进行创新，通过在所内倡导大众创新、万众创业的文化氛围，鼓励员工勤思考，多实践，鼓励青年员工尤其是刚入职的年轻同志加入创新团队，为团队带来活跃思想。同时，开辟多种渠道与方式，加强与其他各单位的交流分享；定期举办各类形式的座谈与培训，提升员工思维及能力，帮助拓展视野；撰写并分享各类的调研报告、交流分析报告等。

提供全方位的政策保障。为了做好民品科研产品在市场上的运营管理，保障产品的顺利推进实施，北方车辆研究所出台了一系列的运营类管理政策及管理条例，涵盖了民品项目预算、商标、产品安全、品牌、质量等多方面。制定《股权管理办法》，对出资企业进行规范管理，按照市场化企业进行运营考核，追求国有资产保值增值；《商标管理办法》对北方车辆研究所的商标品牌使用细则等进行了详细规定，在维护北方车辆研究所的品牌及合法权益方面，树立了良好形象，对企业的品牌形象维护及提升起到促进作用。除此之外，北方车辆研究所还在法律事务、预算管理、项目监督等方面形成完善的管理规章制度，保障了民品项目的实施开展，促进项目研究到投产的高质量完成。

综上所述，北方车辆研究所通过制定多维度成体系的管理机制，保证了科技项目从立项开展到最终实现成果转化形成产品的整个过程中，都是围绕市场需求而开展，并不断地进行完善和改进优化，从而推动企业高质量的发展，加快了军转民产业的发展，加强了企业的核心竞争力。

4.3.3 案例点评

北方车辆研究所作为我国重要的军工科研机构，为实现在民用产业的精准发力和突破，从企业自身实际出发，以市场为导向，将创新成果的市场化作为发展民用产业的核心任务，凭借技术积累及创新通过建立起有效的成果转化管理机制，促进了民用产业的不断壮大。其主要启示包括：

（1）着力打造企业核心竞争力，建立企业特色的发展战略。北方车辆研究所通过开展核心竞争力分析，建立差异化战略，即基于北方车辆研究所定位及行业领军地位，依托于科技创新成果，为市场提供多种差异化的产品和选择。中国企业在发展过程中应打造自己的核心竞争力，培育杀手锏，主要的抓手在于科技创新及有效的成果转化实施，以保障企业在市场中的竞争力。

（2）坚持以市场为导向的科技创新，建立配套成果孵化机制。北方车辆研究所在进行科技创新前，通过广泛调研，了解市场状况及客户潜在需求，搭建科技研发人员与客户直接沟通的渠道，保障科技成果真正能够服务客户、适应市场。同时对具有高度市场前景的产品，给予专项的孵化基金安排，并在基金使用范围、使用流程上进行了详细规定，保障专项基金能够真正得到合理、精准使用，取得成效。对国内的科研机构而言，科技创新要真正为产品服务就要以市场需求为导向，同时要建立起配套完善的孵化机制，引导科研成果从实验室走向市场。

（3）充分授权项目团队，建立配套激励机制。科技人才是实现产生科研成果的基础。北方车辆研究所设立项目经理，并实施项目经理负责制，管控从项目立项到成果投产的整个过程。通过充分赋予项目经理权利、明确项目经理的责任及义务，实现责、权、利的统一。同时制定完善出产品科技开发的激励机制，保障员工的收入与实际科技研发成果相挂钩，进一步调动广大一线科研人员的积极性，发挥创造性，实现企业和职工的利益双赢。国内企业应当根据自己企业特点，建立起相应的人才培养及激励机制，充分调动起科技人员的积极性，更好地服务于企业发展。

4.4 本章小结

企业是连接科研创新和市场化应用的重要纽带。将科研成果转化为有竞争力的产品，需要企业遵循市场规律，探索建立积极有效的体制机制，充分调动科研人员参与到科技成果转化的积极性，打通科学研究到产品落地的通道，真正将科研结晶转化为社会生产力的提升。中石化、航空工业、北方车辆研究所的科技成果转化实践启示如下：

坚持市场化导向的科技成果转化机制建设。围绕市场与客户需求，坚持市场导向和现实问题导向，在科技研发的全流程强调成果转化导向。完善科技成果转化的孵化机制，设立孵化基金，使用市场化的方式进行运作和管理。同时，建立分级管理制度，对关键共性技术、重大攻关技术、生产应用技术等区别对待、分类管理。

探索建立灵活高效的科研成果转化方式和平台，完善配套设施。探索实施项目经理制，明确项目小组相关人员的权责利，采用市场化方式进行资源配置、日常管理和绩效考核。对于传统的组织管理体制进行变革，搭建科研人员交流和合作的平台。

重视知识产权管理工作，建立完善的知识产权管理体系。在集团或一级子公司层面建立专门的知识产权运营和服务部门，由专业人员负责知识产权的申报、维护等工作。制定知识产权战略，进行专利布局。加强与专业的知识产权律师和工程师合作，对科研人员进行定期培训，营造良好知识产权保护的氛围。

完善对科研人员的激励机制。将科研人员的薪酬待遇与科研成果转化收益挂钩，积极推进以股权激励和分红为代表的中长期激励机制的建立。

5

特别策划：能源企业的转型探索

本章案例要点

东京电力： 在日本电力与燃气市场全面放开的背景下，东京电力顺势调整经营战略，积极应对市场需求，在做大做强传统能源服务的基础上，构建能源服务四大平台，准确把握用户核心需求，力求提供多种电力能源产品及新型能源服务，成为日本综合能源服务企业的典型代表。

意昂集团： 意昂集团顺应德国电改和能源转型的整体进程，历经多次战略性分拆与合并，从一家传统能源供应企业转变成为综合能源供应与服务企业。意昂集团在推广智能电表的基础上，通过采取差异化服务模式、发展可再生能源服务等多种方式，为客户提供针对性服务，构建了独特且具有市场竞争力的综合能源服务体系，成功实现了企业战略转型。

Direct Energy： Direct Energy 深入分析客户的多元化诉求，创新需求响应方案、产品和商业模式。拓展新能源租赁业务，依托主营业务积极拓展增值服务，为客户提供综合能源服务，提升了客户黏度，成功实现了由能源供应商向综合能源服务商的转变，其成功经验对未来售电公司经营模式转变具有借鉴意义。

壳牌集团： 壳牌集团积极研判能源转型趋势，主动拥抱新能源迅猛发展的重要变革，通过加大在新能源领域的投资布局、调整组织架构和削减石油项目资产组合来适应能源市场变化，着力推动壳牌集团成为电力时代的重要力量。壳牌集团在新能源领域的转型发展尝试取得了良好成绩，对传统能源企业应对能源革命具有重要参考价值。

当前，世界能源版图呈现供应方和需求方同时"多极化"和"多元化"的纷繁局面，以综合能源服务为代表的业务转型升级成为能源行业新的发展模式。党的十九大报告对培育具有全球竞争力的世界一流企业、推进能源生产和消费革命、构建清洁低碳安全高效的能源体系提出了明确要求。新形势下，开拓综合能源服务业务、建设现代综合能源服务商，是传统能源企业推动业务转型升级、实现高质量发展的重要举措。

随着互联网信息技术、可再生能源技术以及电力改革的进程加快，开展综合能源服务已成为提升能源效率、降低用能成本、促进竞争与合作的重要发展方向。当前，能源企业的综合能源服务实践呈现出以下三大趋势或特点：

产业链从纵向延伸走向横向互联，服务模式从以产品为中心转向以客户为中心。传统能源服务，多是产业链上游企业的附属业务，往往围绕上游企业的产品营销开展服务，服务模式是以产品为中心。而综合能源服务是以能源服务为主营业务，围绕客户的综合需求开展服务，服务模式是以客户为中心。为了提高客户满意度，综合能源服务企业甚至考虑了客户使用能源背后的最终需求，分析客户对成本、安全、舒适、便捷、速度等方面的要求，提供物业管理、垃圾处理、碳金融、智慧生活等相关服务。

企业与用户之间的互动关系显著增强，商业模式更加注重用户黏性的提高。过去纵向延伸的能源服务模式，重点在于围绕事物开展营销，与事物无关的方面不开展营销，企业与客户的互动比较有限。而横向一站式的综合能源服务，重点在于围绕客户关系开展营销，致力于建立并保持与客户之间紧密的、长期的互动关系，充分开展能量流、信息流、业务流的互动，吸引客户的高频次访问，赢得客户对企业的强烈认同和忠诚。

"轻资产、重技术"型发展模式成为市场趋势，"大数据＋网络平台"成为决胜要素。无论是传统能源企业，还是新兴科技企业，"轻资产、重技术"型发展模式愈发受到重视。能源行业不属于轻资产行业，但从转型升级的角度看，能源企业仍然可以开展轻资产运营。大数据的应用能够带来更精确的客户画像、更准确的需求预测以及更个性化的订制服务，已成为先进综合能源服务商开展业务的核心工具，也是未来综合能源服务市场准入的重要技术门槛。大型能源企业正在加强资源整合、业务集成与数据共享，谋划从产品型企业向平台型企业转变，形成"传统供售能＋综合能源服务"的一站式网络平台。

结合近年来国外综合能源服务的发展趋势和特点，本报告选取了东京电力、意昂集团、Direct Energy 和壳牌集团四家先进企业进行案例分析，希望能对我国能源企业的转型探索提供有益启示。

5.1 东京电力：综合能源服务商的典范

5.1.1 公司概况

东京电力株式会社（简称"东京电力"）创立于 1951 年，是一家集发、输、配、售于一体的大型电力企业，电力销售市场份额约占日本市场的 30％。2017年，东京电力销售额为 58 995 亿日元，总资产为 125 918 亿日元，净资产为 26 572 亿日元，售电量为 2403 亿 kW·h，装机容量为 6759 万 kW，最高负荷为 5383 万 kW，员工人数为 3.25 万人。作为一家大型集团企业，东京电力还拥有若干子公司，业务范围延伸到燃料供应、设备供应与维护、节能减排、信息通信、交通运输等行业。

2011 年日本福岛核事故后，东京电力面临破产危机。2012 年，日本政府向东京电力注资 1 万亿日元，取得了东京电力 50.11％的控股权。2016 年日本全面放开了电力零售市场，放开后的第一年，东京电力的销售市场份额从 31％下降到 29％。面对严峻的经营发展环境，2016 年东京电力从原有的实体运营公司变更为控股公司，将燃料、发电、输配电和售电部门重组为燃料与火电公司、输配电公司和售电公司三个子公司独立运营，将核电业务保留在控股公司。变更后，三个子公司不但可以与福岛核事故责任隔离，轻装上阵，而且可以更好地适应电力体制改革的要求。此外,东京电力与中部电力成立合资公司 JERA,负责两家母公司的上游能源及燃料采购业务,成为全球最大的液化天然气(LNG)购买商。东京电力计划 2019 年将煤炭和燃气发电业务注入 JERA,实现从燃料采购到发电的一体化运营,削减成本、提高竞争力。

在日本电力、燃气市场体制全面自由化的背景下,随着能源互联网、分布式发电、储能和能源系统监控等技术的快速发展和广泛应用,东京电力积极应对市场需求,在做大做强传统能源服务的基础上,超前谋划、大胆尝试,争做技术、市场的引领者,力求提供多种能源电力产品及新型能源服务,成为日本综合能源服务企业的典型代表。

5.1.2　主要做法

(1) 明确综合能源服务商战略定位,构建能源服务四大平台。

面对全球能源系统变革、福岛核事故影响以及电力市场改革,东京电力研判电力行业正在从电力公用事业 2.0 阶段向 3.0 阶段转变,其主要特征是从提供产品到提供服务的转变,从单一服务到综合服务的转变。根据对能源电力行业发展趋势的判断,东京电力调整企业经营战略,明确综合能源服务商的发展定位,促进集团向平台化转型,并着手谋划与之相适应的四大信息化平台(见图 5-1):输配电平台 (Power Transmission and Distribution Platform)、基础设施平台 (Infrastructure Platform)、能源平台 (Energy Platform)、数据平台 (Data Platform)。

四大平台各有侧重,又紧密联系,共同为东京电力向公用事业 3.0 和综合能源服务商转型服务。输配电平台是升级版的传统电力系统,弱化了大规模发电能力,强化了传输、调节、双向互动的能力,既可以接纳大规模发电,也可以高效吸纳分布式可再生能源,还可以协调发电侧与用户侧,实现供需高效平衡,是四大平台的基础。基础设施平台以输配电平台为依托,以"地产地消"为特色,融合分布式能源、供热供水系统、电气化住宅、电气化交通网络、垃

图 5-1　东京电力综合能源服务四大平台建设

坂回收再利用系统、家政服务网等基础设施，形成区域性综合能源服务系统，是输配电平台在特定区域的延伸。能源平台融合电力、燃气、热电联产、氢能、蓄电池、基于电动车的移动储能等多种能源设施，实现多能互补、合理共享，是输配电平台在能源领域的延伸。数据平台是四大平台的神经中枢，通过收集、分析各平台和设备以及用户的信息，为设备运行以及平台、设备、用户间的深度融合与紧密互动提供有效保障，为综合能源服务业务的开展提供强大支撑。

（2）优化调整企业组织机构，强化综合能源服务机能。

在 2016 年企业重组前，东京电力主要通过旗下的客户服务公司开展综合能源服务。重组后，东京电力将客户服务公司改编为东京电力能源伙伴有限公司（简称"EP"）。EP 公司对组织机构进行优化，强化了综合能源服务机能，突出了客户、服务、信息、燃气事业的重要性：将法人营业部、生活事业部、电力燃气事业本部这三个与客户直接接触的部门提升到总部级别；新设商品开发室，研发由能源价值演变产生的产品和服务；新设 IT 战略室，用数字化技术提升服务质量，降低运营成本；新设燃气事业部，全力推进燃气销售事业，拓展燃气零售份额。

2017 年 6 月，EP 公司根据市场服务需求进一步优化组织机构。新设服务方案事业本部，下设三个分中心：客户管理中心负责解决客户的疑难咨询，业务中心负责向客户催费等，信用管理中心负责客户信用管理，以"客户第一"的理念，推进"一站式服务"。新设生产力提升改善推进室，通过最大限度利用经营资源进行降本增效，提升公司经营管理效率和质量。

（3）准确把握用户核心需求，制定差异化的服务策略。

市场环境的变化驱动能源用户的需求发生转变，东京电力将用户分为工商业客户和居民客户两类，准确把握不同用户的核心需求，制定了差异化服务策略。

针对工商业客户，东京电力推行"一站式"综合能源服务体验，树立高效、环保的品牌形象。东京电力判断工商业客户的需求将主要稳定在能量层面，并将需求归纳为四类：第一类是推进节能降耗，减少用能成本；第二类是减少二氧化碳排放，塑造企业形象；第三类是确保设备和生产的高可靠性；第四类是减少初期投资成本。

对于节能的需求，东京电力一方面为客户提供涵盖电力、燃气、供暖等能源供应的最佳组合方案，另一方面提供各种电价方案和电气设备方案的优化组合，从而提供全方位的节能协助服务，帮助客户改进设备及生产流程，实现节能降本的目标。对于减排的需求，东京电力推出了 Aqua Premium 服务，此项服务的电力完全由水力发电厂提供，电费由容量费、电量费及零碳排放附加费三部分构成，东京电力计划将此项服务获取的额外利润用于节能设备改造及水源维护，从而形成环保与经济的良性循环。对于高可靠性的需求，东京电力提供包括可再生能源发电、通信、供暖、供水在内的建筑物设计、施工、维护等全方位服务，提升企业用电可靠性及能源运维管理水平。对于减少初期投资的需求，东京电力主推 Energy Service Provider（ESP）服务，客户同东京电力签订一份 ESP 长期合同就可以获得电力、燃气的能源供应服务，包含电气化热泵、变电设备等高能效设备及其运维管理服务。用户对 ESP 服务的初始投资为零，使用费用将以向东京电力缴纳服务费的形式摊销到设备的整个生命周期。

针对居民客户，东京电力将其需求定位为：舒适性、节能、环保、安全、经济，实行"个性化电价套餐＋跨界合作＋返利及增值服务"。东京电力判断居民客户的需求偏好将会向节能环保、户用型可再生能源及个性化服务转变。在此基础上，东京电力确定了对居民客户的营销策略：一是面向新建、改建住宅提供节能诊断以及创能、节能、储能相关设备安装、售后等服务，并大力推广由电炊具、节能热水器等高效电气产品构成的"全电气化住宅"。二是向客户推荐电力、燃气组合价格方案。三是建立云端用电分析系统，引导客户错峰用电。

为了快速提升个性化服务水平，东京电力提出要打破电力事业垄断型的组织形式，摒弃过度重视服务质量的思想，抛弃包办所有经营的"自我主义"，用短期的市场份额换取事业版图的长期扩张。为此，东京电力积极联合网络、通信、汽车等行业的服务商（见图5-2），高效利用"个性化电费方案＋企业联盟营销＋客户需求响应＋服务扩充"的营销策略，形成一系列特色子品牌。借助特色子品牌，东京电力结合有竞争力的电价套餐和高品质服务，分阶段推出了节能咨询、智能家居租赁等套餐服务；通过无偿提供多余电力而免费获取太阳能板、电动汽车充电奖励等新能源服务；与电信、广播、商城结合的混合积分折扣服务；基于用电信息的家庭安保、老人看护，24 小时上门检修等个性化体验服务。

（4）提前研判能源系统未来变革，高度重视技术路线的制定。

东京电力判断能源系统未来将面临重大变革：第一，面对分布式可再生能源发电、储能技术以及信息技术的发展，电力行业发输配售条块分割的方式将不再适用，能源供应模式将从单一的集中式向集中式、分布式、微网、户用式

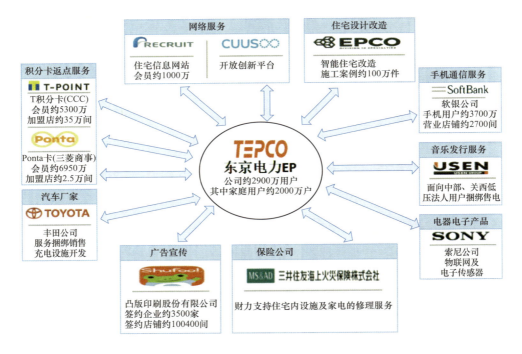

图 5 - 2 东京电力综合能源服务业务的企业联盟

等多元混合模式发展。第二，大数据、云计算、物联网、移动互联网、人工智能等现代信息技术，将支撑起能源高效互联以及用户侧的实时友好交互，使用户对能源的需求转向对服务的需求。为应对系统变革，东京电力根据不同用户的核心需求，分别制定了技术路线。

针对大客户，东京电力一方面巩固发展节能降耗、供电安全等传统技术，另一方面布局研发需求侧响应、综合能源一体化解决方案等新兴技术。在节能降耗领域，重点对热泵技术开展深入研究。针对社区、工厂、车间等不同的应用场景，分别研发了基于水储能的热泵式水、热、电三联供技术，利用河水与环境温差的水过滤空调技术，面向狭长工作空间的换气式空调技术，面向半导体工厂高精度环境要求的蒸发式空调技术，面向仅需局部制热的带传感器的远红外线电热空调技术等，满足不同客户的个性化需求。在供电安全领域，对 NaS、锂电池等多种蓄电池的瞬间放电能力、容量、性价比走势等特性展开对比分析，研发蓄电池远程控制 SCADA 技术，突破系统级设备选型、协调控制、远程维护等难题，解决电力瞬间低下、频率跳变、故障停电等电能安全隐患，确保设备、生产安全可靠。在需求侧响应领域，研究供电容量和用电负荷预测方法，尽早把握供需曲线，调整备用容量。对可再生能源，研究中期、短期、超短期功率预测方法；对太阳能发电，研发基于卫星云图的光照量分布预测技术；对风力发电，研发基于风力、风向的功率爬坡预测技术。对需求侧，利用 AI 技术，综合往期用电数据及多点天气数据，在区域电网未来 24 小时的每小时用电量的高精度预测技术方面有所突破。在综合能源一体化领域，发展 BEMS（楼宇能源管理系统）、CEMS（城市能源管理系统）等能源管控技术，以能源可视化为手段，促进"电、热、冷、气、水"能源多品种之间的互联互通、协同供应，促进能源多供应环节之间的协调发展、集成互补，尝试能源与信息高度融合的新型生态化综合能源系统。

针对中小客户，东京电力致力于以先进的信息技术为手段，推广环保舒适的生活理念，并对家庭分布式发电、储能的运营提供技术支撑。在智慧家庭生活领域，研发对电气设备的无线通信及统一管控技术，打造以 HEMS（家庭能源管理系统）为中心的智慧家庭，统筹管理创能、储能、用能和节能等设备，促进能源的整体高效利用，提升生活的便捷水平。研发用电信息的大数据分析提取技术，以客户用电海量信息为资源，展开模式识别、特征提取、行为分析等研究，建立用户行为档案、提供精准服务。在分布式太阳能发电、电动汽车、燃料电池等领域，研发以区块链技术为核心的分布式记账技术，试点客户管理、电力计量、电费计算，解决家庭过剩太阳能交易难题。研发基于电动汽车有序充放电的虚拟发电厂通信控制技术，提高通信控制系统兼容性，预测电动汽车调节电力供需的能力，评估各种商业模型。

5.1.3　案例点评

东京电力的综合能源服务业务取得良好成效，为其他电力企业建设综合能源服务商提供了有益借鉴。

（1）从战略高度做好顶层设计。面对全球能源技术快速变革，日本电力、燃气市场化改革的外部形势，东京电力判断电力服务将向公用事业 3.0 阶段转变，并基于这个判断及时更新发展理念，明确综合能源服务商的战略定位，筹划了综合能源服务业务的四大平台发展格局，为综合能源服务业务发展提供基础支撑和方向指导。

（2）传统业务与新兴业务并重。对长期以来经营的节能增效等传统综合能源服务业务，东京电力继续发挥其既有优势，不断做大做强。对能源变革下涌现出的分布式可再生能源、智能家居、电动汽车等新兴业务，东京电力积极探索，加大研发力度，努力打造行业的引领者。

（3）制定差异化的客户服务策略。东京电力将大客户与中小客户业务进行分类后，根据用户的不同需求进一步细分客户群体，设计不同的商业模式和营销策略，推出不同的服务产品与个性化套餐，利用多种手段帮助用户更好地用能和节能，不断扩大用户基础，增加用户黏性。

（4）广泛横向联合，着眼长远利益。面对日新月异的新技术发展带来的新市场、新需求，东京电力持开放合作的态度，积极开展横向联合，充分发挥各自优势，共同拓展市场，实现共赢。在推广新商业模式的过程中，必要时不惜以减少自身电力销售及客户数量为代价，不计较一时一地的得失，统筹平衡当前利益与长远利益。

5.2　意昂集团：清洁能源引领综合能源服务

5.2.1　公司概况

德国意昂集团（E.ON，简称"意昂集团"）是一家国际性的能源供应企业，2017 年世界 500 强排名第 22 位，主要业务为可再生能源、能源网络和客户解决方案。意昂集团成立于2000年6月19日，由德国联合电力和矿业股份公司与德国联合工业企业股份公司合并而成。由于业务转型需要，2016年1月1日，意昂集团将常规发电和能源交易业务拆分，并成立优立普公司（Uniper）独立负责此部分业务。拆分后，新意昂集团开始专注于可再生能源领域相关业务、能源网络和客户解决方案，负责开展可再生能源、分布式能源、能效、数字技术等业务（见图5-3），主要面向居民和商业公司。截至2017年底，意昂集团的电力和燃气线路达86.3万km，拥有2110万名客户，可再生能源发电量达130亿kW·h。

图5-3　意昂集团业务概况

资料来源：https://www.eon.com/en/about-us/profile.html.

　　2018年3月，意昂集团监事会同意收购德国莱茵能源集团（RWE）旗下子公司Innogy，并接管76.8%的股权，而RWE将获得意昂集团16.67%的股份。同时，双方对各自旗下业务进行互换，意昂集团将接管Innogy旗下电网和售电业务，REW则会保留Innogy可再生能源发电业务，并接收意昂集团可再生能源发电业务及核电业务。此后，意昂集团变成一家电网及能源供应公司，并将拥有德国市场60%的配电网。

5. 2. 2　主要做法

意昂集团顺应德国电改和能源转型的整体进程，分拆传统能源业务，实现绿色转型，将主要精力放在如何向客户提供更清洁、更便利、更实惠的综合能源服务，并将客户所处地域和能源需求与电网和能源供应情况相结合，提供差异化能源服务，主要做法如下：

（1）深化智能表利用，搭建数据传输桥梁。

2016 年 7 月，德国联邦议会通过《能源转型数字化法案》（Act for the Digitalization of the Energy Transition），以支持在全国范围内部署智能电表。意昂集团抓住这一有利契机，大力推动智能计量系统（iMSys）的运行和使用。

通过智能计量系统实时反馈客户能源信息，提高工作效率。意昂集团提供的现代计量装置能够通过表计的显示为客户提供大量的能源消耗信息，并通过远程系统在线取数，既避免了上门抄表给客户带来的不便，也可以使客户通过仪表显示更详细地了解有关能源消耗的信息，进而减少了因电费计量不透明而造成的客户对用电量数据的异议。

借由智能电表检测用户侧能耗情况，最大化利用家庭能源。意昂集团通过智能计量系统对用电数据实施实时监测，并结合电网整体供需情况，选择性接入客户分布式电能或建议客户使用自身储备电能。同时，还能够结合控制终端，实现用电侧能量管理和分布式电源设备的实时控制。

向客户提供能耗分析等增值服务，协助客户开展节能计划。客户可以通过在意昂集团网站注册智能检查服务控制家庭能耗，系统后台通过对智能电表相关数据的分析定期出具能耗报告，报告中不仅显示客户家中各用电设备的功耗，还为客户提供家庭能耗比较和节电建议服务，使客户能够及时改善用电习惯。

实现信息采集"多表合一"，重要能源数据远程集采集抄。意昂集团将智能电表网关作为多分支测量系统，通过数据接口连接和处理电、水、气、热等多个部门的计量数据，客户可以通过同一电表终端实时查看各类能源消耗情况，并能够"一次性"完成多种能源的缴费。

（2）采取差异化服务模式，提升用户体验。

意昂集团将自身在全欧洲 86 万 km 以上的能源网络作为提供差异化能源服务的强力后盾，为客户提供不同的能源组合和能源服务，客户可根据用电的实际情况和喜好自由选择能源计划。

针对地域特点，为个人客户提供特色能源服务。意昂集团向德国客户提供低价的电力和天然气组合套餐，其综合报价比基本价格低 50％；而在英国，客户则可通过预授权支付电费的方式获得 20 英镑的折扣；捷克的新客户可以享受到一定的价格优惠；针对瑞典客户，则以拓展其分布式光伏业务为主。

根据能耗情况，为商业客户量身打造节能方案。意昂集团的专业能源咨询团队通过对客户当前能耗量和能源结构进行分析，来评估客户的整体节能潜力，并根据客户实际情况设计个性化、智能化和可持续的最优节能方案，使客户的能源成本平均节省 20％～40％。此外，客户还可以通过与意昂集团的虚拟电厂相连接，降低能耗并产生储蓄或收入。

挖掘客户潜力，根据能源需求设计生产解决方案。意昂集团根据客户的能源需求，利用燃料电池、光伏发电和热电联产等新技术，为客户量身打造包含热能、蒸汽、冷却、制冷、压缩空气及电力在内的综合能源生产解决方案，不仅可以使客户在电力供应和技术方面保持独立，还能够降低运营成本和碳排放。意昂集团还同时提供电厂运行外包服务。

提供数字产品，通过智能设备协助客户降低能耗。客户可以根据享受的节能服务选择相适应的智能家居设备，进一步提升能源使用效率。如换用 LED 灯具，并使用数字化控制多达 50 个照明装置的"Hue"智能照明系统可以降低 80％的能耗，或者通过 Tado 恒温器节省高达 30％的采暖费。

（3）积极响应能源政策，发展清洁服务模式。

剥离传统发电业务后，意昂集团专注于新能源的开发与使用。2017 年，意昂集团在德国的太阳能和电池业务增长超过 200％，已成为德国发展最快的太阳能公司，为德国和欧洲能源转型的成功做出了重要贡献。

提高分布式能源就地消纳比例，支持商业客户可持续发展。意昂集团利用热电联产、热泵、可再生能源储存等技术，推动客户形成内部能源生态系统。如意昂集团通过为法兰克福某酒店安装燃料电池，使酒店运行所需的大部分能源可以在现场生成并且无污染，高效的燃料电池技术使酒店每年减少约 600t 的二氧化碳排放量。

积极推进电动汽车业务发展，促进能源结构转型升级。意昂集团通过进一步扩大德国电动汽车充电基础设施建设，在更好地满足客户充电需求的同时，使绿色出行更具吸引力。意昂集团的客户可以在家中 100％ 使用自制太阳能为电动汽车充电，也可以通过手机 APP 查找附近的充电站为电动汽车充电。在哥本哈根，意昂集团建设了一个包含 2000 个充电点的城市充电网络，客户可以采取多种方式支付充电费用，并且意昂集团还提供了共享电动汽车供客户租用。

大力推广居民分布式光伏发电，提倡创建绿色家园。意昂集团推出了住宅太阳能电池储存系统、太阳能云和阳光屋顶三项太阳能服务。其中住宅太阳能电池储存系统使客户能够自行生产太阳能并储存起来供以后使用，能够满足 70％ 左右的家庭用能需要；太阳能云使得客户的太阳能使用更加自由，客户可以将多余能源储存在一个虚拟账户，并根据需求随时使用；阳光屋顶服务则通过使用卫星图像和天气数据，使客户能够轻松评估自家屋顶的太阳能潜力。

5.2.3　案例点评

随着电力体制改革纵深推进、"大云物移智"技术的广泛应用，电网企业的传统业务界限不断消融，向综合能源服务企业转型是大势所趋。意昂集团从自身优势出发，在综合能源服务领域进行的探索对我国能源企业具有较大的借鉴意义。

（1）深入推进大数据分析在综合能源服务领域的应用。"互联网＋"时代，大数据所蕴含的内在价值逐步释放，意昂集团进一步发挥智能电表的数据中枢作用，充分挖掘大数据价值，通过对客户用能数据的分析，准确掌握客户实际、深入了解客户需求、逐步细分客户群体，为开展针对性、定制化、个性化服务奠定了坚实基础。此外，智能电表的实时数据也为分布式能源的接入与利用提供了依据，这不仅使客户的能源利用效率达到最大化，从而为客户节约能源、节省资金，而且也使意昂集团能够及时对电网负荷进行调整，有效提升电网的稳定性。目前中国大部分地区已完成智能电表改造，但数据尚未得到充分利用，意昂集团对于智能电表数据的使用方式可作为有效的参考样本。

（2）突出以客户为中心理念，多角度延伸综合能源服务内涵。意昂集团为用户所提供的综合能源服务项目中涵盖了提供能源组合、打造节能方案、设计生产解决方案、设计智能家居等多层次、全方位的能源服务。除去目前大多数综合能源服务公司开展的向用户侧延伸的能源服务外，意昂集团还向供能侧延伸，或横向联合相关设备厂商，为客户提供一揽子能源服务。用户在选择意昂集团作为能源服务商后，几乎可以将所有与能源相关的服务工作全权交由意昂集团处理，此类"打包式"的能源服务不仅使客户获得了极大便利，也为意昂集团带来了新的利益增长点。这对于国内的综合能源服务商，特别是规模较大、资源较为充足的集团型企业具有较大的借鉴意义。

（3）加速研发新能源相关技术，推进清洁绿色低碳转型。意昂集团顺应国际能源发展趋势，在拆分过后将传统能源业务全部剥离，仅保留了清洁能源业务。此后，意昂集团在分布式光伏、电动汽车等领域开展了大量的技术研发工作，不仅在能源供应方面保持着领先水平，还充分运用"大云物移智"技术，在能源储存、智能服务以及能源供应等相关配套服务的技术研发上取得了一定进展，使清洁能源的使用更加快速便捷，在满足客户用能需求的同时，构建了清洁低碳、安全高效的能源体系，对能源生产和能源消费革命起到了重要的推进作用，值得其他能源企业学习。

5.3　Direct Energy：从能源供应商向综合能源服务商的转变

5.3.1　公司概况

位于美国休斯顿的 Direct Energy 公司创建于 1986 年，是美国最具有竞争力的电力、燃气和能源服务供应商之一，该公司拥有超过 600 万居民和商业用户，业务遍布 46 个州和哥伦比亚特区。2002 年，Direct Energy 被世界 500 强的英国煤气公司 Centrica 收购，大幅提升了 Direct Energy 在国际上的知名度。随后，Direct Energy 公司收购了一些比较优质的能源服务公司，其中包括金塔纳矿业资源公司、巴斯特罗普能源中心、弗隆特拉能源中心、巴黎能源中心、Rockyview 能源公司和 Clockwork 家庭服务公司等，使得 Direct Energy 成为北美最大的能源服务供应商。

Direct Energy 公司坚持为客户提供多种能源整体解决方案，根据客户需求提供定制服务，不断创新产品和服务，致力于打造多种能源组合、开发、投资、建设、运营管理的能力，形成多种能源服务业务布局，成功实现由能源供应商向综合能源服务商的转变。

5.3.2　主要做法

（1）提供差异化定制服务，满足客户多元化需求。

Direct Energy 将客户分为工业客户和居民客户两类，将业务触角进一步延伸到客户用电环节，提供软硬件一体化的能源增值服务解决方案。针对工业客户，Direct Energy 依据工业客户的需求分析，将客户的主要需求分为了五大类：一是节约能源资源使用成本；二是注重产品的节能和环保性；三是对配备的设施和设备的可靠性提出更高要求；四是进一步提升设备的维修和运行效率；五是降低客户的投资成本。Direct Energy 根据每个工业客户的经营目标，明确了自身的服务目标，即降低能源资源的成本和消耗，减少二氧化碳等污染气体的排放量并削减不必要的资金投入。通过匹配自身服务目标和客户需求，Direct Energy 建立了"为客户提供精准服务"的营销策略，旨在从四个方面为工业客户提供全方位的能源服务：提供各种电价和电气设备的优化组合方案；提供诸如电力、燃油、燃气等能源资源的最优组合方案；指导客户改进设备、以实现节能环保目标为目的的节能诊断服务；提供建筑物设备设计、施工、维护、通信等服务。

对于居民客户，Direct Energy 公司将其需求定位为：环保、节能、经济、安全，具体做法如下：在传统供电服务基础上，利用信息平台提供定制化服务，内容包括用电信息、历史缴费记录、剩余电费、电价、业务办理流程、节能节电建议、营业网点地图显示等便捷用电查询，网上营业厅、电费充值卡、自助缴费终端等多渠道便捷缴费，申请及跟踪业扩报装、故障报修等业务实时跟踪服务等。此外，Direct Energy 确定了对居民客户的营销策略，即提供各种"能源组合套餐"，通过利用多种智能决策方法（如自动控制技术和信息通信技术），为居民客户提供更经济节能的能源消费方案。例如，依据电力的峰谷价差，为居民客户提供多种供热组合方案，降低居民客户供热成本。

(2) 创新需求响应方案，为客户提供安全稳定用电服务。

需求响应方案能够使消费者在每天电价最高或出现紧急情况的特殊时段自主减少用电，从而帮助客户控制用电。当用电高峰出现于大量客户同时用电之时，消费者如果能深入了解自己的用电情况，可以有效降低用电负荷。

2014 年起，Direct Energy 致力于为客户安装需求响应管理系统（DRMS）的研究，并与西门子签署了长期战略合作协议。作为负责维持公共服务基础设施的事业，Direct Energy 利用西门子提供的 DRMS 解决方案来管理其现有独立系统运营商（ISOs）的地区负载业务，其中包括 PJM❶、ERCOT❷ 和

---

❶ 区域性 ISO，负责集中调度美国目前最大、最复杂的电力控制区，其规模在世界上处于第三位。

❷ 美国得州电力管理委员会。

NYISO❶。西门子 DRMS 所具备的协调功能将协助 Direct Energy 的客户高效、高性价比地保持供需平衡。西门子的 DRMS 解决方案可以利用 Direct Energy 账户的辅助计量设备采集客户的能源消费数据。随后，Direct Energy 利用该信息，能更精简、更高效地运作其产品组合，为所有客户提供更可靠的产品，从而更好地决定用于市场交易的能源量。Direct Energy 可利用西门子 DRMS 解决方案优化交易，依据 DRMS 的预测和分析引擎结果带来的杠杆优势进行套期保值，或在价格升高和需求提高时获得最大化收益。

（3）开展太阳能租赁业务，为客户提供绿色清洁能源。

在美国不断推动能源政策改革的外部环境驱动下，Direct Energy 积极探索太阳能租赁业务。截至 2018 年初，超过 40 个州宣布开始实施可再生能源配额制度（其中包括多个 Direct Energy 业务覆盖区域），该制度以法律的形式规定在某段时间内，电网传输的电力需要有一定配额来源于可再生能源发电。Direct Energy 将公司战略定位由电、天然气能源供应商转变为整体能源管理服务供应商。基于此，Direct Energy 与 SolarCity 共同出资 1.24 亿美元，投入工商业太阳能租赁计划。

虽然太阳能发电具有绿色环保的优点，但由于购买和安装太阳能电池板需要支付大笔开支，普通居民客户无力承担高昂费用。SolarCity 是一家集太阳能发电系统设计、安装和监控服务为一体的供应商。为了使普通客户也能享受到太阳能发电所带来的政府返现、税收补贴等收益，SolarCity 通过与终端用户签订能源采购合约（PPA），为普通客户提供太阳能电池板租赁业务。此外，为了方便工商业客户的支付，SolarCity 为 Direct Energy 客户提供两种租金计算方式，一种是固定费率，另一种是先低后高、每年调涨，费用会自动合并在 Direct Energy 的账单内，不会有两套账单。通过商业模式的创新，Direct Energy 的部分工业客户可以不用先付出成本，只要日后付租金，以租赁的方式

---

❶ 纽约独立系统运营商。

就能安装太阳能电池，自发自用，有余电时"存入"电网，不足时从电网购买。这种商业模式使 Direct Energy 的工商业客户既无需承担高额的设备投资，也能享受政府光伏政策带来的丰厚补贴，一举两得。

（4）依托主营业务积极拓展增值服务，提高客户黏度。

为客户提供一系列节能改造。为客户设计安装高能效设备，客户再逐月通过电费形式支付改造成本。节能获利的经营模式彻底突破了传统售电公司通过多售电来增加收益的模式（售电越多收益越高）。将售电公司收入与为客户提供所需服务挂钩，而不是与实际电量挂钩，售电公司就可以借助各种节能手段减少客户成本，并从中获取相应收益。

为客户提供家庭设备维修服务。向居民客户推荐 Direct Energy 家庭维护保护计划，该业务主要包括采暖、空调、水暖、电力等系统的维护，以及雷雨或停电造成的厨房电器、家用电子产品等移动设备的损坏维修，客户可以根据自身情况进行选择。该增值业务为客户提供了专业的技术人员，通过定期的系统检查和维护，可以帮客户提早发现家庭设备的故障情况，为客户减少日常家庭系统和设备维修成本，缩短服务时间。

为客户提供节能诊断服务。通过电力消耗监控等技术，帮助客户实时了解电力消耗水平及电力支出情况，具体做法是分类展示居民客户家中供热、空调、其他设备用电情况，通过柱状图的形式对比分析当月用电量与前期用电量，全面展示客户用电情况，根据这些数据为客户提供包括节能诊断、解决方案等服务。

围绕客户生产生活的核心需求开展与相关产业的合作。浅层次方面，通过与餐饮、娱乐、通信、交通等行业的企业合作，进行电费积分兑换或优惠买单。深层次方面，与家电企业、设备制造企业、汽车企业、互联网企业等合作，提供智能家居解决方案、电动汽车服务方案、定制化电器设备制造等服务。

5.3.3 案例点评

Direct Energy 通过创新产品和商业模式，逐渐由售电机构发展成为综合能源服务商。这种模式之所以可行，是因为完全放开的售电市场将激发蕴藏在居民、工业、节能、园区等领域的大量且多样化的客户服务需求，以及分布式能源、智能家居、电动汽车、储能设备等方面的智能终端接入需求。要实现能源供需的动态平衡、满足客户日益多样的用能需求必须依托于综合能源服务。随着国内新一轮电改的不断推动，未来电力市场的竞争日益激烈，对于那些资产实力强、本身业务面就很广的国内售电公司来说，可以从 Direct Energy 的探索中获得一些启示。

(1) 走进客户价值链，提供差异化用能服务。针对不同类型客户开展差异化服务。为核心企业客户提供高端化、专业化的生产性服务，包括为企业客户开展大客户用能诊断分析，提供节能改造、合同能源管理、能耗分析与用电优化、设备运维、市场交易代理等；为小微客户、居民客户提供定制化、智能化的生活性服务，包括为居民客户提供多种能源（电力、天然气、自来水）组合供应的综合能源解决方案，同时为客户提供能源交易平台，实现电力、天然气、热力、自来水等能源的交易。

(2) 打造商业生态系统，拓展市场空间。主动对接市场需求，加强与政府、能源企业的合作，充分挖掘和扩大公司资源价值，打造公司商业生态新系统。如针对储能、能效服务等关键环节，以企业联盟的形式吸引各类合作伙伴，在既有电网供电服务的基础上，积极开拓工业园区太阳能交易等规模集中、潜力巨大的服务市场，寻求和探索以综合能源服务模式进入增量配网和售电市场的商业机会。

(3) 积极拓展业务模式，为客户提供一揽子增值服务。核心策略层面，积极创新公司业务模式，为客户提供一揽子非用能增值服务，从能源供应商转变为综合能源服务商，提升客户体验度。具体实施层面，可依托电力客户群，为客户提供节能改造、家庭设备检修、用电安全监测、绿色用电服务、智能节电服务、电动汽车服务等个性化的增值服务。

5.4　壳牌集团：石油巨头跨界新能源推动转型发展

5.4.1　公司概况

壳牌集团（简称"壳牌"）创立于1890年，在全球超过70个国家和地区开展业务，雇员近9.3万人，是全球大型能源企业之一。作为国际重要的能源提供商，壳牌在融资、管理和经营方面拥有相当丰富的经验。2017年，壳牌营收2400亿美元，利润45亿美元，在《财富》世界500强中排名第7位，油气产量分别占世界总产量的3%和3.5%。

近年来，随着第三次能源革命的孕育和发展，全球能源转型的步伐逐渐加快，能源利用从以化石能源为主向清洁能源为主进行转型，能源结构加速向低碳化演变，能源供应和能源消费的清洁化水平显著提升。作为石油巨头，壳牌深入研判能源转型趋势，主动削减石油项目资产组合，调整业务结构，积极进入新能源市场，以实现公司长远发展。目前来看，壳牌的跨界探索取得了良好的效果，为传统能源企业应对能源革命提供了崭新的思路参考。

5.4.2　主要做法

壳牌曾于本世纪初在新能源领域进行过投资尝试，由于消费市场尚未形成、投资过于冒进、新能源技术尚不成熟等原因而未获成功。随着新能源快速发展和消费市场的逐渐成熟，壳牌再次进军新能源市场。壳牌加大对新能源领域的科学投资，调整组织结构，削减传统石油业务以重塑油气业务，为传统能源企业转型提供了借鉴。

（1）加大新能源投资力度，进行新能源多领域的科学投资。

　　壳牌不断加大在新能源领域的投资力度。2016 年，壳牌在新能源的投资仅占总资产规模的 1％左右，比重较低。但壳牌宣布未来将重点关注天然气、氢能、太阳能等新能源投资领域，聚焦能源终端用户的解决方案，进行精准投资。2020 年前壳牌在新能源领域的投资将提升到 10 亿～20 亿美元，并且每年将投入近 2 亿美元进行新能源业务的研发工作，占壳牌总研发预算的五分之一。壳牌在新能源领域的投资会吸取之前的教训，只选择政策风险较低、投资收益率达到 8％～12％的新能源项目。

　　壳牌在新能源领域实现多点投资，优化投资结构。壳牌不只关注某一种新能源，而是在海上风电、生物质燃料、太阳能甚至电动汽车充电等多个领域进行提前投资布局。

　　在风电领域，壳牌认为海上风电是新能源领域未来的投资热点，利用海洋钻井经验和陆上风能开发经验，着手开发海上风电项目。2016 年 12 月，壳牌中标容量为 108MW 的荷兰 Noordzee 海上风电项目，负责建设荷兰境内的 Borssele Ⅲ和Ⅳ风电场。这两个风电场的发电价格为 7.27 欧分/（kW·h），成为除丹麦 Kriegers Flak 海上风电项目外的最低价格。此外，壳牌宣布未来将加大在荷兰近海、欧洲各国近海、中国台湾地区近海、美国东海岸近海等地区的海上风电项目投资，尤其是处于最盈利的初期阶段的海上风电项目将成为壳牌的重点关注项目。

　　在太阳能领域，壳牌着力推动太阳能与传统石油开采相结合。部分老油田的原油基本已采尽，需要注入蒸汽才能把剩余的原油开采出来。传统方法是依靠燃烧天然气得到蒸汽，但壳牌现在尝试利用太阳能取代天然气。壳牌持有阿曼油气开发集团 34％的股份，阿曼油气开发集团与 Glass Point Solar 公司正在美国加利福尼亚州共同建设的 1021MW 光热蒸汽站，利用太阳能提高油气采收率。该投资将用于加速 Glass Point Solar 的太阳能蒸汽发生器的释放，可以将油田的天然气消耗量降低 80％。此外，壳牌试图进入太阳能发电领域，积极掌握发展主动权。2017 年 8 月，壳牌投资新加坡电力企业 Sunseap，Sunseap 在新加坡拥有 160MW 的供电合约，握有新加坡零售电力执照，且已取得数个太阳能发电厂建案。2018 年 1 月，壳牌从投资管理商 Partners 集团收购太阳能公司 Silicon Ranch 43.8％股份，成为其最大股东，并与 Partners 集团签订了相关协议，约定在 2021 年后增加壳牌在 Silicon Ranch 公司中持有股份的机会。

在生物质燃料领域，壳牌投资了巴西 Raizen 公司。这家公司致力于用甘蔗等生物质材料制作燃料，通过将这项业务的商业化，可将生物质材料进行能源的循环利用，推动生物燃料的发展。

在电力供应领域，壳牌收购英国最大独立民用能源供应商第一电力（First Utility），这成为壳牌进入英国能源零售市场的敲门砖。英国第一电力主要为英国本土 82.5 万户家庭提供天然气、电力和宽带业务，得益于户用发电系统并网技术的快速发展，其客户群将帮助壳牌的新能源业务拓展更多的市场，例如将电动汽车充电与家庭用电进行互联等。被壳牌收购后，英国第一电力将成为壳牌新能源部门的一个分支进行独立经营，并且将走出英国，以壳牌的名义为德国市场提供服务，发展前景广阔。

在电动汽车充电领域，壳牌于 2016 年收购荷兰电动汽车充电公司 New Motion，标志着其大踏步迈入电动汽车充电领域。New Motion 在欧洲运营着 3 万多个电动汽车家用充电桩，公共充电桩也已增至 5 万个。壳牌在收购 New Motion 后计划推出充电桩服务，覆盖其在全球 4.5 万家加油站中的大多数。壳牌更希望借助 New Motion 打入家庭车库和停车场充电市场。此外，壳牌加入了 Charging Interface Initiative（CharIn e. V.）协会成为核心会员，为电动汽车普及做好准备，参与制定充电技术通用标准的行业协作、基础设施建设、通信和电网的整合等。

（2）积极调整组织架构，适应能源转型发展。

壳牌反思第一次试水新能源领域的失败教训，认为当时不论在组织架构还是在战略调整上都并未做好进军新能源市场的准备。因此，当壳牌再次进军新能源市场时，从战略层面高度重视新能源业务发展，在组织架构上进行了相应的改革。

2016 年，壳牌在现存的天然气一体化事业部中设置了新能源业务，将部门名称调整为天然气一体化和新能源事业部，主要致力于可再生能源和低碳能源的投资。在壳牌的上游、下游、项目与技术、天然气一体化和新能源四个事业部中，天然气一体化和新能源是业务增长最快、效益最突出的部门。

此外，自 2016 年起，壳牌裁掉了 12％的员工，裁员规模近 1.25 万人。因为壳牌一直以工程技术见长，而不是以管理精益著称，所以这次裁员对于壳牌来说是一个重大变化，充分体现了壳牌转型新能源发展的决心。

（3）降低运营成本，重塑油气业务。

未来能源生产和能源消费向着低碳化转型，但同时由于转型具有渐变性，因此，重塑油气业务成为壳牌应对能源转型、调整企业发展方向的必然选择。

壳牌不断降低运营成本，着力削减石油项目资产组合。以在油价低于 40 美元/桶的市场中仍能盈利为标准，壳牌逐步剥离未来盈利能力较差的石油项目资产组合，将更多的资源投入到"具有全球化规模和竞争优势"的业务上，例如壳牌在 2016 年以 72.5 亿美元的价格将其在加拿大的大部分油砂资产权益出售给 Canadian Natural 公司。

壳牌对现有石油资产项目进行精益化管理，合理规划对传统石油能源的资本投入。壳牌基于对能源转型趋势的研判，对现有石油资产项目进行精益化管理，例如位于墨西哥湾的 Vito 深水采油项目作为壳牌的宣传典范，起初是按照原油价格为 80 美元/桶的标准进行设计，后来壳牌重新修改了 Vito 的原有设计方案，将干舷部重量（平台的壳体）从 4 万 t 削减至 8900t，并取消了原方案中铺设于海床上面的备用管，以满足原油需求逐渐见顶的趋势研判。此外，壳牌并未完全放弃对传统石油能源的投入，而是在精益管理基础上，对传统石油能源进行适度的资本投入。例如壳牌将投入 10 亿美元，计划未来十年在墨西哥开设更多加油站，并与巴西国家石油公司签订协议，合作开发巴西盐下油气田。

壳牌重视天然气在能源转型中的过渡作用，重塑油气业务结构。壳牌认为能源转型过程具有渐变性，把天然气视为最重要的过渡能源。2016 年初，壳牌投资 530 亿美元收购英国天然气集团（BG），其天然气产量已占其总油气产量的 50%，并成为全球第一大 LNG 供应商。2017 年 7 月，作为壳牌押注天然气产业的王牌，壳牌投资了 140 亿美元建造的、长达 488m 的超级浮式 LNG 生产船 Prelude 抵达澳大利亚，正式开始投入天然气开采作业。

5.4.3 案例点评

早在 2001 年，壳牌曾在全球布局一些风电、太阳能发电、水电项目，计划从这个切入口进入新能源市场。但由于投资规模太大、成本过高，且市场尚未做好接受新能源的准备，因此，壳牌的第一次进军新能源市场以黯然收场结局。近年来，壳牌顺应能源转型趋势，再次进军新能源领域，并取得良好成效，对于我国能源企业主要有以下几方面启示：

（1）从战略高度重视新能源领域的转型发展。壳牌第一次试水新能源领域失败，是因为壳牌尚未将其视为发展战略，导致在行动上缺乏战略层面的顶层设计，在不该投资的领域投入过多资金，在该投入的领域却出现投入不足的问题。再度进军新能源领域，壳牌不论从投资规模还是从投资结构上，都呈现出高度的战略性和规划性。并且壳牌非常注重新能源业务的盈利能力，这已经成为壳牌未来发展战略的重要考量。这为传统能源企业进行新能源转型提供了重要的参考，即由传统能源业务向新能源业务进行转型并不是一蹴而就，而应该从战略层面对新能源业务的开展进行顶层设计，并从组织架构等方面进行配套完善，才能真正实现业务转型升级的快速发展。

（2）科学选择进军新能源领域的转型时机。壳牌首次试水新能源领域时，曾大规模投入太阳能面板制作产业，结果损失惨重，事后发现太阳能面板制作产业竞争残酷，壳牌并不具有相应的竞争能力。近年来，壳牌加强对能源转型趋势和新能源产业发展形势的研判，提出能源行业正在发生根本性的转变，原油的全球需求可能会在短短 10 年内达到最高峰，新能源随着价格的不断下降，竞争力不断提升，目前是布局新能源业务的绝佳时机。这启示传统能源企业进行新能源业务转型时，要结合新能源需求和科技发展形势，选择合适时机介入新能源领域，才能推动公司实现在新能源领域的转型发展。

（3）重视能源转型过程的渐变性。壳牌始终关注能源转型过程的长期性和渐变型，重视石油能源在中短期的不可替代性。作为石油公司而言，尽管新能源的全面崛起还有待时日，但不能忽视能源转型的必然。既不抗拒新能源的发展，也不放弃对石油业的继续投资，壳牌在这一特殊环境下的生存之道值得传统石油企业学习。对任何一家大型石油公司而言，都有必要为长远能源转型做好战略规划，以防在能源业未来竞争中处于被动。

5.5　本章小结

本章总结梳理了东京电力、意昂集团、Direct Energy 和壳牌集团在业务转型升级方面的典型做法和经验。总体来看，先进能源企业的转型探索呈现出以下主要特点：

业务开展与国情、企情紧密结合。宏观上，综合能源服务业务的开展与各国、各地区的经济发展水平、能源体系结构、能源市场发展程度密切相关，各国企业应依据能源发展阶段探索发展综合能源服务。微观上，典型企业均立足于最大化发挥既有资源优势、市场与经营管理经验，持续推动综合能源服务业务向专业化、精细化、综合化方向发展。

着力构建市场导向下的客户优势与技术优势。在竞争日趋激烈的市场中，典型综合能源企业围绕市场需求，着力通过培育、并购等方式，建立核心竞争优势。其中，一类是围绕客户需求拓展业务边界，抢占潜在市场份额、推进消费侧技术研发，通过提升客户体验与客户黏性，树立市场口碑，如东京电力的客户服务模式；一类是专注通过大型综合能源系统项目，攻关尖端装备与核心系统技术，建立技术标准与项目规范，引领市场发展方向，如意昂集团成熟的综合能源系统。

打造核心能力支撑的长链条、多环节商业模式。在各国能源政策、市场需求、技术进步的多重推动下，国际综合能源服务市场仍处于快速发展阶段。主要国家的典型企业持续围绕核心优势拓展业务范围，并通过技术与客户相关性，构建业务间的协同优势与资源配置优势，在产业链关键环节开展重要的价值链活动，持续推动长链条、多环节的商业模式可持续创新，提升业务整体盈利性与客户需求响应能力。例如，意昂集团和壳牌集团在能源生产、能源配置与能源消费三个层面持续推进综合能源服务业务。

培育开放式生态网络，推动市场做大做强做优。在国外成熟的综合能源服务市场上，大型企业往往通过资金规模、专业技术建立更具效力的市场壁垒，典型综合能源服务商在行业生态网络中处于相对稳定的良性竞争态势。专业服务公司类型多样，中小企业平稳发展，大公司通过开展跨行业合作，共同推动市场做大做强做优。例如，东京电力和 Direct Energy 秉持开放共享态度，积极开展横向联合，共同拓展市场。

参 考 文 献

[1] 安徽省盐业总公司. 海螺职工持股改写企业发展速度. 中国盐业, 2016 (10).

[2] 国投: 授权下放, "小总部" 带活 "大产业". 国资报告, 2016 (8): 66-67.

[3] 布莱恩·科伊尔. 公司治理手册. 北京: 中国财政经济出版社, 2007.

[4] 方芸. 国有上市公司员工持股实施效果研究. 安徽财经大学, 2016.

[5] 傅建中. 智能制造装备的发展现状与趋势. 机电工程, 2014, 31 (8): 959-962.

[6] 苟旭杰. 股权资本整体解决方案. 北京: 人民邮电出版社, 2016.

[7] 胡一波. 科技创新平台体系建设与成果转化机制研究. 科学管理研究, 2015 (1): 24-27.

[8] 黄思颖. 厚积薄发海康威视八年成长路——专访杭州海康威视数字技术股份有限公司副总裁郑一波. 中国公共安全 (综合版), 2009 (9): 136-139.

[9] 冀勇庆. 通用电气 (GE) 公司打造软实力. 中国外资, 2016 (17): 56-57.

[10] Justin Springham, 许胜蓝. GE: 工业互联网初露锋芒. 营赢 (华为内部出版物), 2018 (3).

[11] 梁琳璐. 上市公司市值成长策略选择. 对外经济贸易大学, 2016.

[12] 李维安. 公司治理学 (第三版). 北京: 高等教育出版社, 2016.

[13] 李锋. 意昂: 绿色转型. 国家电网, 2015 (9): 64-66.

[14] 李律成, 李明. 科技创新成果转化推进机制研究. 管理现代化, 2016 (60): 88-91.

[15] 林洲钰, 林汉川, 邓兴华. 加快我国科技成果转化的机制创新与实现路径. 新视野, 2013 (2): 33-36.

[16] 刘琦. 混合所有制改革下员工持股模式探究——基于海螺集团的案例研究. 北京: 北京交通大学, 2016.

[17] 申林平. 上市公司并购重组解决之道: 50 个实务要点深度释解. 北京: 法律出版社, 2016.

［18］水泥人网．企业改革：海螺水泥职工持股改写企业发展速度［EB/OL］．http://
blog. sina. com，2015.

［19］刘静．GE：畅想工业互联网．中国经济和信息化，2014（Z2）：70－71.

［20］刘凌冰，韩向东，李斌．国投集团全面预算系统建设的实践与启示．财务与会计，
2014（3）：24－25.

［21］刘志强．国投"小总部大产业"初步形成．人民日报，2016－08－08（002）.

［22］马永斌．市值管理与资本实践．北京：清华大学出版社，2018.

［23］孟洁．海康威视股权激励方案设计及实施效果研究．华东理工大学，2017.

［24］牛锡明．进一步深化大型商业银行改革．新金融，2015（9）：4－8.

［25］牛锡明．大型银行集团公司的治理．中国金融，2017（16）：12－14.

［26］裴宏．中石化：独具特色的专利管理体系．专利周刊，2010－5－15.

［27］彭剑锋．高管薪酬：最佳实践标杆．北京：机械工业出版社，2009.

［28］钱肇钧，杨淼，李伟．工业互联网概念研究及频率规划研究建议．中国无线电，
2016（4）：40－43.

［29］邱丽．上市公司并购重组操作实务指引．北京：法律出版社，2017.

［30］人民网．交通银行坚持把党的领导融入公司治理各环节［EB/OL］．http://finance.
people. com. cn/n1/2017/1221/c1004－29722045. html.

［31］宋慧欣．ABB机器人：助力智能制造筑就未来工厂．自动化博览，2016（12）：18－20.

［32］苏建军．科技创新成果转化推进机制研究．科技经济与管理科学，2017（18）：234.

［33］通用电气公司（GE）．工业互联网打破智慧与机器的边界．北京：机械工业出版
社，2015.

［34］滕学强，孙美玉．工业互联网国外经验及启示．上海信息化，2016（8）：47－51.

［35］吴建军．德国意昂和莱茵集团转型启示．中国电力企业管理，2018（4）：51－53.

［36］王友发，周献中．国内外智能制造研究热点与发展趋势．中国科技论坛，2016（4）：
154－160.

［37］王林．意昂集团业务分拆传统新兴"花开两朵"．中国石化报，2016－09－23（007）.

［38］肖静华，毛蕴诗，谢康．基于互联网及大数据的智能制造体系与中国制造企业转型
升级．产业经济评论，2016（2）：5－16.

［39］杨桦. 公司再造：中国上市公司治理的新路径. 北京：中信出版社，2011.

［40］杨博. 太阳能租赁或助穆思克续写传奇. 中国证券报，2013－10－11（A06）.

［41］杨慧. 国内创新主体对美专利审批状况分析——以中石化为例. 吉林工程技术师范学院学报，2014，30（8）.

［42］赵振元. 员工持股计划在国有高科技企业改制中的激励机制研究. 电子科技大学，2005.

［43］赵晔. 海康威视企业成长的案例分析. 浙江工业大学，2017.

［44］周济. 智能制造——"中国制造 2025"的主攻方向. 中国机械工程，2015，26（17）：2273－2284.

［45］周雪. 中石化专利发展现状分析. 石油化工技术与经济，2015，31（4）.

［46］张曙. 工业 4.0 和智能制造. 机械设计与制造工程，2014，43（8）：1－5.

［47］张志，温晓薇，任飞蓝. 工业互联网：GE 向中国推广的"新概念". 小康，2013（9）：92－93.

［48］张晓梅，吴明，张骓. 海螺集团之混改模式：员工持股刷新发展动力. 中国企业报，2015－3－7.

［49］张晓梅，吴明，张骓. 海螺职工持股改写企业发展速度. 中国企业报，2015－11－10.

［50］http：//www. bankcomm. com/BankCommSite/shtml/jyjr/cn/7768/7771/list. shtml? channelId＝7768.

［51］BP Directors' remuneration report 2017. https：//www. bp. com/content/dam/bp/en/corporate/pdf/investors/bp－directors－remuneration－report－2017. pdf.

［52］BP 2017 remuneration policy. https：//www. bp. com/content/dam/bp/en/corporate/pdf/inv estors/bp－remuneration－policy－report－2017. pdf.